당신
신

생
각
은

사
양
합
니
다

당신 생각은 사양합니다

1판 1쇄 발행 2019년 11월 5일
1판 4쇄 발행 2020년 8월 18일

지은이	한경은
발행처	(주)수오서재
발행인	황은희, 장건태
책임편집	마선영
편집	최민화
디자인	권미리
마케팅	장건태, 이종문, 황혜란
제작	제이오
주소	경기도 파주시 돌곶이길 170-2 (10883)
등록	2018년 10월 4일(제406-2018-000114호)
전화	031)955-9790
팩스	031)946-9796
전자우편	info@suobooks.com
홈페이지	www.suobooks.com
ISBN	979-11-90382-02-1 03180 책값은 뒤표지에 있습니다.

이 도서의 국립중앙도서관 출판시도서목록(CIP)은 서지정보유통지원시스템
홈페이지(http://seoji.nl.go.kr)와 국가자료공동목록시스템(http://www.nl.go.kr/kolisnet)에서
이용하실 수 있습니다.(CIP제어번호: CIP2019040290)

도서출판 수오서재守吾書齋는 내 마음의 중심을 지키는 책을 펴냅니다.

잘해주고 상처받는
착한 사람 탈출 프로젝트

한경은 지음

당신 생각은 ―― 사양합니다

수오서재

가장 중요한 것들이

가장 사소한 것들에 의해

좌우돼서는 안 된다.

―괴테

시 작 하 며

"왜 이렇게 다른 사람의 눈을 의식하는 걸까요?"
"나를 사랑하는 건 어떻게 하는 거죠?"

심리상담을 하면서 가장 많이 듣는 질문이다. 이에 대한 답을 책으로 대신하려 한다. 먼저 짧게 말해보자면 사람들 눈을 의식하는 이유는 욕 안 먹고 외톨이가 되지 않으려고, 즉 비난이나 실패를 잘 견디지 못하는 취약한 자기를 보호하고 소속의 욕구를 충족시키기 위함이다. 조금 더 깊은 마음에는 사람들에게 잘 보이면서 인정받고 사랑받고 싶은 욕구 때문이다. 나를 사랑하는 방법은 마음에 드는 나만 예뻐하지 말고, 마음에 안 드는 나도 있는 그대로 받아들이는 것이다. 조금 아프게 말하자면 자기에 대한 지나친 기대를 접어야 한다. 물론 말이 쉽지 그게 잘 안 된다. 해도 해도 안 되니 과연 진짜 되는 게 맞나 싶기도 하다. 하지만 진짜 된다. 더 유연하면서 행복해질 수 있다. 책 속에서 다른 사람들은 어떤 과정을 통해 치유되었는지 따라가다 보면 어느새 지금의 내 모습과 삶에 대한 만족도가 높아진 것을 실감하는 날이 온다.

이 책은 사랑하는 사람에게 인정받기 위해 고군분투하는 이들을 위해 썼다. 사람들을 의식하면서 나의 부족함을 들키지 않기 위해 안간힘을 쓰는 책임감 강하고 예의 바른 선량한 사람을 위한 책이기도 하다. 나를 위하는 일이라며 나를 착취하려는 무례한 사람에게 상처받은 사람들이 읽으면 좋겠다. 불안과 두려움을 때로는 동력으로 삼기도 하지만 언제든지 번아웃이 될 차비 또한 갖춘 이들에게 중간과 애매모호함이 지니는 삶의 미학을 나누고 싶었다. 나를 지키면서도 사람들과 잘 지낼 방법은 없는 걸까? 그럴 수도 있고, 아닐 수도 있을 거다. 각자의 상황과 내면의 힘에 달려 있다. 나를 사랑한다고 하는 사람이 때로는 적군이 되어 나에게 쳐들어올 때, 나를 지킬 것인지 관계를 지킬 것인지 이 책을 통해 자기만의 해답을 찾길 바란다.

착한 사람, 좋은 사람, 능력 있는 사람이 되기 위해 애쓰는 우리는 왜 이렇게 고달플까? 나보다 타인이 우선되어서, 해야만 하는 일을 하느라 하고 싶은 것들을 억압했으니까, 게다가 실수 없이 잘 해내야 하니까. 남에게 민폐를 끼치거나 눈치 없이 굴면 안 되니까. 너무 튀어도 위험하고 그렇다고 투명 인간이 되는 건 더 싫으니까, 눈치는 잘 보는데 거절은 못 하니까. 이러한 이유 때문에 마음속에 딱딱한 응어리가 불거진다. 게다가 하고 싶은 말이나, 해야만 하는 말도 잘 못 한다. 싫다고, 짜증 난다고, 그만하라고, 내버려 두라고. 이런 못돼 보이는 말을 못 하니 화가 쌓인다. 허구한 날 주기만 하고 받지는 못하는 것 같아 서운한 마음이 생기고, 나만 애쓰고 노력하는 것 같아 억울해진다. 그뿐인가. 또 아무도 나를 알아주지 않는 것 같아 자기연민도 깊어진다. 어떻게 찰떡같이 잘 아냐고? 사실 다 내 이야기이다.

마음공부를 시작할 무렵, 이런 생각들이 일어났다. '더 이상 다른 사람에 상처받고 싶지 않다.' '엄마가 원하는 거 말고, 내가 하고 싶은 걸 하고 싶다.' 하지만 어려웠다. 고기도 먹어 본 사람이 먹는다고, 남보다 나를 챙기고 위하려 하면 죄책감이 들었다. "엄마 말을 들으면 자다가도 떡이 나온다." "친구들과 싸우지 말고, 선생님

말씀도 잘 들어라." 내 이름을 쓰게 되었을 무렵부터, 아니 그전부터 들어온 이 말이 마음속에 박혀 있었다. 어른 말을 잘 듣고, 친구들과 사이좋게 지내고, 공부도 잘하는 좋은 사람이 되라는 내면의 명령.

이런 명령이 프로그램된 이들이 관계에서 가장 원하는 건 무엇일까? 많은 사람이 "있는 그대로 받아들여지고, 지금 모습 그대로 사랑받고 싶다"고 말한다. 그런데 이런 인정과 애정의 욕구가 어디 착한 사람들에게만 있겠는가? 인간에게 생존의 욕구를 제외하면 그 외는 거의 인정과 애정에 관련되어 있다. 오죽하면 철학자 헤겔이 인간의 삶은 인정 투쟁이라고 말했을까. 인정받고 싶은 건 기본적인 욕구다. 그런데 착한 사람들은 그 욕구가 유난히 좀 크다. 인간은 결핍된 것에 집착한다. 부족한 것에 매달린다. 목이 마르면 물을 마시고 싶다는 욕구가 가장 클 수밖에 없는 것처럼 우리의 인정 욕구도 그렇다. 그러니까 우리는 너무도 인간적이고 자연스러운 인정 욕구를 받아들여야 한다. 배가 고파 죽겠는데, '나는 배고프지 않아. 그럴 리 없어', '아까 먹었는데 배가 고프다는 게 말이 돼?'라고 하면 배가 안 고파질까? 배고픈 게 잘못된 것도 아니고 누구에게 미안할 일이 아니듯이, 인정과 사랑도 마찬가지다. 많이 받고 싶어 해도 괜찮다. 일단 받고 싶은 나를 인정하자. 그러고 나서 그동안 과도한 인정 욕구 때문에 타인들 속에 은폐시켰던 나를, 내 자리를 되찾아오면 된다.

본문에서는 타인의 시선 아래 살았던 우리의 사례들을 하나하나 짚어보면서, 그 원인을 알아볼 것이다. 지금 일어나는 현상과 원인을 제대로 알면 변화하는 데 많은 도움이 된다. 하지만 그 사실을 알게 된다고 해서 저절로 변화가 일어나지는 않는다. 힘들고 두려워도 실천해야 한다. 그러기 위해 일상에서 실천할 수 있는 구체적인 방법들도 함께 나눌 것이다.

이 책은 나의 이야기와 나의 상담과 프로그램에 참여했던 사람들의 이야기다. 내 이야기는 부끄러울 정도로 너무 솔직하게 드러냈고, 다른 사람들의 이야기는 그들을 보호하고 독자의 이해를 돕기 위해 조금씩 각색했다. 사람들 이름은 모두 가명으로 썼다. 내가 만났던 사람들은 영웅이었다. 타인의 인정을 향해 내달리던 삶에서 진정한 자신을 구하기 위해 가시덤불을 헤치며 용과 맞서 싸우고 있는 전사였다. 아무리 용맹한 전사라도 두려움이 없는 건 아니다. 두려움을 끌어안고 뛰어들었기 때문에 진짜 용기가 된다. 그 피투성이 영웅들이 자신의 고통, 애환을 나누는 모습을 볼 때마다 존경심이 든다. 그들의 삶이 또 다른 누군가에게 '나'로 살 수 있도록 하는 일에 쓰이게 해줘서 깊이 감사하다. 이 책이 남들에게 착하게 사느라 정작 자신은 고달픈 사람들에게 위로와 힘이 되길 바란다. 우리가 더 행복해지기 위해, 나를 위해 사는 방법을 나누는 데 조금이라도 보탬이 되면 좋겠다.

목 차

1 장

_____

나의 욕구 알기

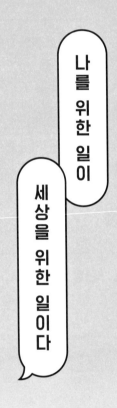

나를 위한 일이

세상을 위한 일이다

하고 싶은 게 없다고요?───────────────────

"욕구가 없을 수도 있나요? 먹고 싶은 것도 없고, 갖고 싶은 것
도 없고, 하고 싶은 것도 없는 건 왜 그런 거예요?"

주어가 빠진 질문을 한 영미 씨를 가만히 바라봤다. 그녀는 간
절한 눈빛으로 나를 응시하지만 어딘지 모르게 자신감이 없어 보
인다. 나는 "누가 그런데요?"라고 묻는 대신 "정말 아무런 욕구가
없을까요?"라고 되묻는다. 그녀는 잠시 시선을 피하며 생각하더
니, "부모님이 그렇게 만든 것 같아요, 내가 하고 싶은 건 다 쓸데없
는 짓이라고 했어요"라고 말하며 눈물을 흘리기 시작했다.

"울지 마."

"떠들지 마."

"만지지 마."

영미 씨 같은 이들이 어릴 적부터 숱하게 들었을 말이다. 울지
말라는 말은 눈물을 흘리는 건 나약한 거니까 강하게 크라는 메시

지를 담고 있다. 하지만 말하는 사람의 속내는 '네가 울면 내가 어찌할 바를 모르겠어, 너를 달래주는 곤혹스러운 일을 하고 싶지 않아'일 수 있다. 떠들지 말라는 말은 떠들면 안 되는 상황을 알려주거나 다른 사람에게 폐를 끼치지 말라는 경고의 의미이다. 이 말의 숨은 뜻은 '네가 소란스럽게 하는 게 싫어. 남 보기에 창피해'일 경우가 많다. 만지지 말라는 말은 '더러운 것을 함부로 만지면 건강에 좋지 않으니까'라고 포장하지만, 속내는 '너의 몸이나 옷이 더러워지면 뒤처리가 귀찮아'일 수 있다. 모두 다른 사람의 행동, 정확히 말하면 다른 사람의 욕구를 통제하면서 편안하고 싶은, 창피하고 싶지 않은, 귀찮고 싶지 않은 자신의 욕구가 숨어 있는 경우다. 겉말과 속내는 이렇다 치고 의식적이든 무의식적이든 타인의 욕구를 통제하는 일이 얼마나 폭력적인지, 반대로 나의 욕구를 억압당하는 일은 어떻게 통증 없는 고통이 되는지 좀 더 깊이 들어가보자.

　　"울지 마" 울음은 감정의 정수精髓이다. 슬플 때, 억울하고 분할 때, 무서울 때, 외로울 때 등 주로 힘든 상황에서 눈물이 난다. 하지만 우리는 감격스러울 때, 기쁠 때, 행복할 때도 눈물을 흘린다. 즉 이렇게 다양한 상황에서 터지는 눈물을 참으라는 말은 아무것도 느끼지 말라는 것과 다름없다. 몸속에 도는 혈액을 멈추게 하는 것과 같고, 영혼의 수맥을 끊어버리는 듯한 폭력적인 요구이다.

"떠들지 마" 떠드는 것은 활기와 생동감을 드러내는 일이며 친밀감을 표현하는 행위이자, 우리는 서로 친한 사이라는 것을 확인하는 일이기도 하다. 여기에는 질문하기, 혼잣말하기, 중얼거리기, 노래하기, 고함치기 등이 포함된다. 파장이 다를 뿐 모두 '말'의 다양한 방식이다. 자기표현의 기본은 말하기이며, 말하기의 활기찬 버전인 떠들기는 자기표현의 확장일 뿐이다. 아이가 엄마에게 학교에서 있었던 일을 말하고 싶은데 엄마는 바쁘거나 피곤하다는 이유로, 혹은 다른 사람들이 듣는다는 이유로 아이에게 입을 다물라고 한다면, 이는 표현하지 말 것을 강제하는 일이자 소통하지 않겠다는 뜻으로 읽힐 수 있다. 떠들지 말 것을 요구받은 예민한 아이는 "나는 너와 소통하고 싶지 않아"로 받아들여 상대에게 거절받았다고 생각하며 상처를 입을 수 있다.

"만지지 마" 만진다는 것은 세계를 적극적으로 탐구하는 행위이며, 사랑의 결정적인 지표이다. 아이들은 물렁하고 딱딱한 것, 부드럽고 거친 것, 촉촉하고 마른 것, 차갑고 따뜻한 것들을 만지며 호기심을 충족시키고 세계를 알아가는 일에 기쁨을 느낀다. 만지지 말라는 것은 알지 말고 모르는 채로 있으라는 말과 같다. 다양한 촉감을 경험하지 못하면 외부 자극에 대한 조심스러움(민감도)이 높아지고, 낯선 자극에 대한 두려움이 커진다. 결국 안전하게 자신을 지킨다는 핑계로 최소한의 자극만을 추구하면서 익숙한 환경과 관계 안에만 머무르는 우물 안 개구리가 될 수도 있다.

인간에게 타인의 존재는 절대적이다

임상심리학자 에이브러햄 매슬로Abraham H. Maslow는 욕구단계설이라는 이론에서 욕구를 중요도에 따라 다섯 가지 단계로 구분했다. 기본적인 욕구가 충족되면 다음 단계의 욕구가 나타나서 위계적인 체계를 이룬다. 첫 번째 단계로 인간의 생존에 관련된 생리적 욕구는 의식주와 성욕을 포함한다. 두 번째 단계는 안전의 욕구로, 위험으로부터 자신을 보호하고, 안전한 환경을 원하며, 불안을 피하고자 하는 욕구이다. 세 번째 단계는 집단에 귀속되고 타인과 유대를 원하는 사회적(애정·소속) 욕구이다. 네 번째는 존경(자존)의 욕구로 자기존중을 이루고, 타인에게 존경과 인정을 받고 싶어 하는 욕구이다. 다섯 번째는 자아실현(성장)의 욕구로 잠재력을 발휘하고 그것을 현실에서 성취해나가며 스스로 만족하는 사람이 되고자 하는 욕구이다. 매슬로는 후에 자기완성을 넘어 타인과 세계에 기여하고자 하는 자기초월의 욕구를 추가했다.

　이렇듯 욕구란 우리의 생존에 필수적이며 정서적 안정과 정체성, 자존감을 형성하는 중심축이 된다. 문제는 이러한 욕구들이 충족되기 위해서는 타인의 보살핌과 사회적·정서적 지원이 절대적으로 필요하다는 것이다. 어미의 젖을 먹고 자라는 포유류는 다른 종에 비해 보살핌을 받아야 하는 기간이 길다. 그중 인간은 최소 5년, 일반적으로 10년 이상 제일 긴 돌봄의 시간을 필요로 한다. 몸을 위한 양식이 필요하듯, 마음을 위한 영양분도 필요하다. 그것은 무조건적인 사랑, 비난받지 않을 것이라는 안전감, 버려지지 않을 것이라는 신뢰감 등이다. 안정된 정서와 굳건한 자존감이 만들어지려면 이러한 마음의 영양분을 잘 공급받아야 한다. 이렇듯 인간에게는 타인의 존재가 너무 크고 절대적이다.

그런데 만약 나를 지원하는 믿을 만한 타인과 안전한 세계가 없고, 타인에게 나의 욕구(필요)를 정당하고 자연스럽게 표현할 수 없다면 어떨까? 만약 아주 어린아이라면 생존 자체가 위협받을 것이고, 그럭저럭 육체는 보존하며 자란다고 해도 정신적으로 독립된 어른으로 성장하기가 힘들다. 많은 어른이 여전히 '어른 아이'로 머무르는 이유가 여기에 있다.

내가 진짜 원하는 게 무엇인지 알아야 한다

단지 목숨이 붙어 있다는 이유로 '살아 있다'고 말할 수 없는 삶이 있다. '사는 게 사는 게 아니다'라는 흔한 말이 가슴이 아픈 이유는 생의 욕구가 채워지지 않은 황폐함이 느껴지기 때문이다. 인정받고 싶고, 사랑받고 싶다. 함께하고 싶고, 위로받고 싶다. 이것은 분명 자연스럽고 인간다운 욕구이다. 하지만 착한 이들은 나의 욕구보다 나에게 '중요한 사람'의 욕구나 타인의 시선, 평가를 더 중시하며 살기 때문에 스스로의 감정을 알기조차 어렵다.

그러다 보니 나의 욕구를 타인에게 잘못 요구하는 일이 벌어진다. 더 안 좋은 일은 자신의 욕구를 타인에게 비난의 형식으로 강요하면서 오히려 자신이 더 고립되고 외로워지는 경우다. "왜 이렇게 늦게 와?"라는 말은 '일찍 들어오라'는 요구를 담고 있다. 그 아래에는 '나는 당신과 함께하는 시간을 갖고 싶다'는 친밀감의 욕구가 깔려 있다. 우리가 진짜 원하는 건 바로 이 친밀함을 나누는 것이다. 그런데 우리는 왜 진짜 필요한 욕구를 표현하지 못하고, 솔직하게 요구하지 못하며, 때로는 터무니없이 타인을 비난하는 걸까?

그 사람이 내 마음을 몰라주는 것 같기 때문이다. 내가 말하지 않아도 상대가 알아주길 바라는 마음 말이다. 문제는 바로 나다. 과연 나는 나의 욕구를 분명히 이해하고 있을까? 나도 내가 원하는 것을 확실히 알지 못하면서 상대가 내 욕구를 알아주길 바라는 마음은 상대가 마법을 부리길 바라는 것에 가깝다.

우리는 더 이상 어린아이가 아니다. 스스로의 욕구를 잘 파악해야 한다. 나의 내면이 여전히 '고아'처럼 사랑에 허기져 있다 해도, 부모나 부모를 대신할 사람이 척척 알아서 나를 만족시켜주기만을 바란다면, 그 허기는 영원히 채워지지 않을 뿐더러, 외로움과 화만 쌓여갈 것이다.

내가 나의 느낌을 지각하고 나의 욕구를 이해할 수 있으려면 스스로에게 자주 물어봐야 한다.

'너 지금 몸과 마음이 어때? 손바닥에 땀이 나고 있네. 긴장하고 있니? 잘 보이고 싶고, 잘 해내고 싶구나?'

이렇게 나에게 다정하고 자상하게 물어봐주자. 그리고 내 마음이 어떤 말을 하든 그것은 잘못된 것이 아니라고 존중해주며 나의 허기진 내면을 채워줘야 한다. 누가? 다름 아닌 내가!

영미 씨는 눈물을 닦으며 이렇게 말했다.

"한 번도 없었어요. 내가 하고 싶은 게 받아들여진 기억이. 그러니까 말해봤자 소용없고, 말하면 욕만 먹으니까 어느 순간 다 포기해버린 것 같아요."

어릴 적부터 강하게 욕구를 억압당한 사람은, 욕구를 표현하지 못하는 정도가 아니라 스스로 욕구 자체를 차단해버릴 수도 있다. 그래서 욕구가 충족돼본 경험이 없거나 적은 사람은 타인과 세

계에 대한 신뢰를 형성하지 못한다. 또한 욕구를 드러내는 일이 핀
잔이나 미움을 받는 일로 각인된다면, 자신을 지키기 위한 최후의
수단으로 욕구를 드러내지 않는 것을 선택할 수밖에 없다.

　욕구를 억압하는 것이 내면화된 영미 씨는 자신은 아예 욕구
가 없다고 착각하며 살았다. 하지만 "부모님이 나를 이렇게 만든
것 같아요"라고 말하며 눈물을 흘리며 깨닫게 됐다. 하고 싶은 것
을 마음대로 하지 못하고, 하고 싶은 말을 마음껏 뱉지 못했다는
것, 즉 자신의 욕구를 소외시켜버리면서 결국 자기 자신을 잃어버
렸다는 사실을 말이다. 영미 씨의 울음은 자아를 찾아가는 여정에
터진 첫 번째 자기 목소리였다.

이게 다 널 생각해서…,
진짜?_____

'딸이 좋은 남자를 만나 결혼하는 것'

'부모님이 건강하게 오래오래 사는 것'

'애인이 더 좋은 직장으로 옮기는 것'

'엄마가 자신의 인생을 사는 것'

'남편이 담배를 끊는 것'

내가 원하는 것의 목록을 써보는 시간에 나온 답변들이다. 미리 준비한 듯 간결한 단어들을 툭툭 내놓는 사람도 있고, 깊은숨을 쉬면서 한 문장 쓰기를 심사숙고하는 사람도 있다. 목록을 풀어내는 과정은 제각기 달라도 내용에는 공통점이 있다. 내가 원하는 것에 내가 아닌 '남'에 관한 내용이 들어 있다. 게다가 그것들은 모두 내가 할 수 없는 일이기도 하다. 물론 자식과 배우자가 어째서 남이냐는 반문을 할 수도 있을 것이다.

누구나 부모나 자식, 배우자나 애인 등이 '이랬으면 좋겠다'는 생각을 할 수 있다. 그리고 나의 그 소망이 그들에게는 진짜 필요하거나 바람직한 일일 수 있다. 그래서 나의 소망은 당당히 '너를 위해서'가 된다. 나를 위한 게 아니기 때문에 나는 이타적이고 희생하는 사람이라 믿으며 더 떳떳하게 요구하기도 한다. 그런데 상대가 나의 바람을 '바람맞히면' 내가 괴로워진다는 것이 문제다. '너를 위한' 일이 잘 안 되면 '네가' 괴로워해야지, 왜 '내가' 더 괴로워하는가. 간단하다. 진짜 '너'를 위한 게 아니라 그렇다.

남은 절대 내가 될 수 없다

상대를 내가 원하는 모습 그대로 만들 수 없다. 딸의 남자를 내가 찾아줄 수도 없는 노릇이며(그러는 부모도 있다. 미친 짓이다), 부모의 건강과 수명을 내가 조절할 수 있는 것도 아니다. 엄마가 자신의 인생을 살기 원하는지조차 알 수 없으며, 남편이 담배를 피우든 씹어 먹든 그건 본인이 알아서 할 일이다. 그러니까 이런 것들은 한마디로 그들이 알아서 할 일이거나, 그들도 어쩔 수 없는 것들이다. 그런데 왜 우리는 남의 일에 그렇게 집착하고 안달하는가. 남의 일이 아니라 내 일이라고 여기기 때문이다. 여기에서 '너'는 곧 '나'이고, 그러니까 '너'를 위해서가 아니라 '나'를 위해서가 된다.

남을 우선으로 세워둔 소망 안에는 사실 나의 욕구와 불안이 숨겨져 있다. 딸이 좋은 남자와 결혼하지 못하면 어쩌나 하는 걱정은 내가 자식 농사를 잘 못 지은 것 같다는 자책이나 불안 때문일 가능성이 크다. 그러니 나의 욕구는 딸이 번듯한 남자와 결혼해서 내 자랑거리가 되길 바라거나, 자식에게 나의 노후를 기대고 싶은 속마음이 있을지 모른다. 엄마가 자신의 인생을 살길 바라는 딸의 속내는 엄마의 간섭과 통제로부터 벗어나고 싶은 것일지도 모른다. 이것을 알아차렸다면 '너'를 위한 것처럼 내세우지 말고 정직하게 '나'를 위한 것으로 방향을 전환해야 한다. '자식이 나의 자랑거리가 되면 좋겠다', '엄마의 간섭과 통제로부터 벗어나고 싶다' 이게 진짜 나의 욕구다. 이렇게 타인에게 요구하는 일을 멈추고 나의 진짜 욕구를 파악해야 하는 이유는, 나를 살피면서 동시에 남을 짓누르지 않기 위해서다.

나 자신을 살피고 남을 짓누르지 않기 위해서는 내가 할 수 있는 것과 없는 것을 잘 구분해야 한다. 자식은 내 자랑거리가 되거나 나를 보살피기 위한 존재가 아니다. 자식은 내 몸을 통해 온 남이다. 남이란 그가 나의 분신이 아니고 독립된 개체라는 의미이다. 그러니 자식이 나의 자랑거리가 되길 바라는 마음은 깨끗하게 단념하는 편이 낫다. 내 자랑거리는 내가 만들어야지 왜 남에게 만들어 달라 하는가. 엄마의 간섭과 통제를 받고 싶지 않은 나의 욕구에 대해서는 어느 정도 노력은 해볼 수 있다. 엄마에게 요청하거나, 물리적·심리적 거리를 두는 일 말이다. 하지만 내가 원하는 만큼 완벽하게 될 수는 없다. 타인이 걸려 있는 문제는 한계와 범위가 있다는 것을 깨달아야 한다. 그래야만 스트레스를 덜 받고 인생이 가벼워진다.

남은 내가 될 수 없다. '우리가 남이가?'라고 물으면 '남이지 그럼!' 하고 답해야 한다. 나 외에 모든 존재는 남이다. 부모도 자식도 모두 '타자'이다. 그러니 남의 일에 내 마음을 쏟으며 남의 인생에 얹혀갈 요량을 내다 버려야 한다. 나에 관한, 내가 원하는, 그리고 내가 할 수 있는 것에 주목하자. 내가 할 수 있는 것은 오로지 나에 관한 것밖에 없다.

불안하기 위해 사는 게 아니라면

20대 후반의 직장인 은정 씨가 원하는 것은 이렇다.

'가족들이 건강한 것'

'몸과 마음이 건강한 애인을 만나 연애하는 것'

'어려운 일이 닥쳤을 때 건강한 방식으로 빨리 극복하는 것'

'내가 원하는 일을 하면서 아프지 않고 행복하게 사는 것'

은정 씨가 원하는 것은 모두 건강과 관련 있다. 그녀가 이렇게 건강에 집착하는 데는 이유가 있다. 동생은 상당한 수준의 정서적인 어려움을 겪고 있고, 언니는 지적 장애가 있다. 얼마 전 아버지마저 뇌경색으로 쓰러졌고, 엄마의 우울감도 깊어져만 간다.

"집안에 멀쩡한 사람은 저밖에 없어요, 내가 가족 모두를 책임져야 할 것 같아요. 가끔 힘이 들 때는 나만 생각하며 살고 싶다는 생각을 하기도 해요. 하지만 그런 생각이 들면 마치 우리 집에 불이 났는데 나만 살겠다고 도망치는 것 같은 마음이 들어요. 그럴 때마다 '나는 우리 집의 소방관이다' 하며 다시 마음을 다잡아요."

이렇게 말하는 은정 씨는 꽤나 담담하고 강단 있어 보였다. 아마도 자신이 기운을 잃거나 정신줄을 놓으면 안 된다고 생각하는 것 같았다.

　인간은 부족한 것에 집착하는 습성이 있다. 그런데 부족한 것을 채우고 싶은 욕망에는 필연적으로 불안이라는 놈이 따라붙게 된다. 태초부터 불안이란 위험한 상황을 미리 대비하게 하여 생존에 도움을 줬을 것이다. 하지만 지금 우리가 목숨 내놓고 원시림에 사는 것도 아닌데, 인생을 너무 죽기 살기로 사는 건 아닐까. 이런 사람들의 동력은 대개 불안이다. 은정 씨가 갖고 있는 불안도 미래를 안전하게 준비할 수 있는 자원이 될 수 있다. 하지만 이렇게 간절한 바람 안에는 건강해야 한다는 당위적 사고가 깔려 있다. '내가 건강하고 아프지 않아야 가족들을 돌볼 수 있고, 몸과 마음이 건강한 애인을 만나야 내가 상처받지 않을 것이다.' 이런 굳은 믿음은 사실 얇디얇은 종이 방패일 뿐이다. 이런 당위적 사고는 좌절에 굉장히 취약하기 때문이다. '나는 꼭 건강해야만 해'라고 생각하기 때문에 어디가 조금만 아파도 곧 죽을 것처럼 불안에 휩싸이게 된다. '집착-당위적 사고-불안-좌절-다시 불안', 마치 불안하기 위해 사는 것 같지 않은가.

우리가 원하는 것들을 살펴보면 이렇게 남이 변화하길 바라는 것과 내가 갖지 않은 것에 집착하고 있는 경우가 있다. 둘 다 내가 어찌할 수 없는 영역이다. 그러면서 걱정을 허리춤에 매달고 산다.

'엄마까지 아프면 어떡하지?'

'남편이 저렇게 담배를 피워대다 암이라도 걸리면 어쩌지?'

'애인이 계속 저런 별 볼 일 없는 직장에 다니면 어쩌지?'

사실 이 걱정들도 모두 내 욕구의 그림자이다. 엄마마저 내 짐이 되지 않길 바라는 마음, 남편의 건강으로 나의 안락과 안정을 계속 잘 유지하고 싶은 마음, 애인의 능력이나 후광에 편승하고 싶은 마음. 이런 나의 욕구에 솔직해지자. 이렇게 나의 욕구와 욕망에 초점을 맞추면, 사실 남들에게 이런 것들을 바라는 마음 자체가 미안해진다. 내 인생 대신 살라는 말과 같기 때문이다. 실은 '나'를 위한 걸 '너'를 위한다고 포장하지 말고, 진짜 나를 위한 것을 돌보고 가꾸자. 나의 욕구를 정면으로 바라보는 일은 진짜 내 인생으로 가는 데 가장 정확한 나침반이 된다. 그게 나에게도, 남에게도, 세상 모두에게 좋은 일이다.

욕 좀 먹으면 어때 ————————————————

"저는 잡채밥을 먹고 싶었는데 동료들이 모두 짜장면을 시키는 거예요. 나도 모르게 짜장면이라고 했잖아요. 내가 한심해 죽는 줄 알았어요."

30대 중반의 직장인 상훈 씨의 '조금 웃긴' 자기폭로 시간이다. 이 말을 들은 사람들은 웃음을 터뜨렸고 상훈 씨도 속 시원한 표정으로 같이 웃었다. 그 웃음에는 착한 사람들의 어처구니없는 (하지만 참으로 흔한!) 소심함이 폭로된 것의 통쾌함과, '나보다 더한 인간이 있구나' 하는 안도감과, '나랑 비슷한 사람이 있구나' 하는 공감이 녹아 있었다. 이렇게 식사 메뉴를 정하는 소소하고 작은 일부터 오래 묵은 억울함과 분함까지, 착한 사람은 자기표현의 결박 상태에 놓여 있다.

"상훈 씨는 왜 잡채밥을 시키지 못했을까요?"

"왠지 대부분 사람들의 의견에 따라야만 할 것 같았어요."

"사람들이 상훈 씨에게 잡채밥을 먹지 말라고 했나요?"

"아뇨, 그 사람들은 그저 자기들이 먹고 싶은 메뉴를 말했을 뿐이죠."

"그래요. 상훈 씨의 자유를 제한한 사람은 아무도 없었던 것 같은데요. 자, 그럼 다시 한번 질문할게요, 상훈 씨는 왜 원하는 것을 표현하지 못했을까요?"

"남들이 하는 대로 하면 중간은 갈 것 같아서?"

"그 중간에 머무는 느낌이나 감정은 어떤 건가요?"

"안심이 되죠. 안도감 같은 거요."

"그렇다면 중간에서 벗어나면 어떻게 될 것 같은데요?"

"튀죠. 그럼 욕먹거나 다칠 일이 더 많이 생기는 거죠."

"결국 비난받지 않도록 자신을 보호한 거네요? 그런데 욕 좀 먹으면 안 되나요?"

"네?"

욕먹지 않으려다 내 목소리를 잊는다

욕먹기 싫은 마음. 다른 사람들에게 인정이나 호의를 얻지 못할망정 욕을 먹을 수는 없다는 심리다. '남들이 뭐라고 생각하겠어', '내가 하고 싶은 대로 하면 이기적이라고 욕할 거야', '나만 싫다고 하면 따돌림을 받을지도 몰라' 따위의 두려움과 불안은 남들처럼 사는 것을 추구하게 만든다. 비록 속으로는 스스로를 한심해할지라도 말이다.

결국 상훈 씨가 자신의 욕구를 표현하지 못한 이유는 남들과 다른 의견이나 주장을 내세울 때 이것을 일탈이라고 생각하고, 이로 인해 생길지 모르는 비난, 따돌림, 비웃음, 처벌 같은 부정적인 결과를 두려워했기 때문이다. 상훈 씨는 남들과 다르게 너무 튀지 않고 중간에 머물면 안도감을 느낀다고 했다. 이렇게 대다수의 결정에 동의하고 동참할 때 우리는 조직에서 소외당하는 등의 처벌로부터 자신을 보호할 수도 있다. 얼핏 보면 상훈 씨는 안도감이라는 이득을 챙긴 것 같다. 하지만 그는 안도감이라는 이득을 얻겠다는 의도보다 욕을 먹는 불이익을 피하는 것이 더 절박했다. 안타깝게도 그의 태도는 현장에서는 자신의 욕구를 억제하고, 사후에는 한심함을 느끼며 자책하는 자기파괴적인 행동에 더 가깝다. 이렇게 남들 따라 하기가 습관이 되면 내 목소리를 내는 일이 점점 더 두려워지고 만다. 두려우니 자신의 목소리는 더 깊이 숨기게 되고, 극단의 경우 '영혼의 실어증'에 이르게 될지도 모른다.

여기서 또 하나 생각해봐야 할 것은, 다른 사람의 행동을 내가 어떻게 해석할 것이냐의 문제다. 동료들과 메뉴를 정하는 상황에서 각자 선택한 메뉴가 우연히 통일된 것을 상훈 씨는 암묵적인 합의나 강요로 받아들였다. 분위기를 망치면 자기에게 불이익이 돌아올지 모른다는 불안이 만들어낸 해석이다. 물론 그때 실제로 짜장면으로 통일하자는 암묵적인 합의의 분위기가 있었을지도 모른다. 분위기를 깨고 싶지 않은 마음도 충분히 이해가 된다. 하지만 불안이 많은 사람들은 객관적인 현실보다 내가 경험하는 주관적인 현실(내 마음이 만들어낸 해석)에 따라 행동하는 경우가 많다.

상훈 씨의 주관적인 현실은 자신의 욕구를 표현하기 힘든 불편하고 무겁고 눈치 보이는 상황이었다. 하지만 객관적인 현실은 그의 선택을 통제한 사람이 아무도 없었다는 것이다. 이처럼 상황을 객관적으로 보지 않고 주관적인 현실 안에서만 판단하면, 다양한 제약을 스스로 만들어낸다. 자기검열을 강화하는 것이다. 그러면 나를 표현하기가 힘들다. 방어하는 데만 급급해지기 때문이다.

그렇다면 주관적 현실을 부정적으로 보거나 실제 현실을 왜곡하지 않으려면 어떻게 해야 할까? 나의 인지적 오류cognitive error를 깨달으면 현실을 바로 보는 데 도움이 된다. 인지치료를 개발한 아론 벡Aaron T. Beck은 생활 사건의 의미를 부정적인 것으로 받아들이면서 범하게 되는 과장되거나 왜곡된 논리를 인지적 오류라고 표현했다. 인지적 오류에는 흑백논리적 사고, 과잉일반화, 의미 확대와 의미 축소 등이 있다. 타인이 행사하는 힘에 영향을 많이 받는 착한 사람들은, 다음 몇 가지 '임의적으로 추론하는 인지적 오류'에 대해 생각해볼 만하다.

먼저 충분한 근거 없이 다른 사람의 마음을 제멋대로 추측하고 단정하는 독심술mind-reading의 오류다. 동료가 속닥거리는 걸 보며, '내 욕을 하고 있는 게 분명해'라고 생각하는 경우다. 마치 미래에 일어날 일을 예언하듯이 단정하고 확신하는 예언자fortune telling의 오류도 있다. '말해봤자 소용없어. 욕만 먹고 거절당하게 돼 있어'와 같이 생각하는 경우다. 현실적인 근거 없이 막연히 느껴지는

자신의 감정에 근거하여 결론을 내리는 감정적 추리emotional reasoning
는 현실을 왜곡하고 과장하게 만든다. '이렇게 미안한 마음이 드는
걸 보니 내가 뭔가 잘못한 게 틀림없어'와 같은 임의적 추론으로
부정적인 감정을 느끼고 그에 따라 행동하게 된다.

내 욕구와 선택에 동의할 수 있는가

때로는 다른 사람의 기대나 암묵적 요구에 적절하게 순응할
때, 집단과 조화를 이루며 자기발전을 도모할 수 있다. 단, 이 경우
는 상대의 기대에 부응하기 위해서나 집단의 분위기를 맞추기 위
해 내가 원하는 것을 숨기는 것이 아니라, 자신을 위한 합리적인 선
택을 하는 경우에 한한다. 남들에게 휘둘리지 않고 분위기에 휩쓸
리지 않은 상태에서 상대와 합의한 후 동조한 것이라면, 내가 자율
적으로 선택했기 때문에 자책하지 않으며 피해의식으로까지 확대
되지 않는다. 다른 사람에게 동조하는 것보다 나의 욕구와 내 선택
에 스스로 동의하는 것이 더 중요하다.

만약 상훈 씨가 그 자리에서 '내가 먹고 싶은' 욕구에 충실해

잡채밥을 주문했다고 가정해보자. 그런데 사람들이 "이 집 잡채밥은 맛이 없더라, 여긴 짜장면이 제일 맛있어"라고 했거나, 마침 식재료가 떨어져 오늘은 잡채밥이 안 된다는 주방의 메시지를 들었다면 어땠을까? 다른 사람의 권유나 주방에서 날아온 어쩔 수 없는 상황 때문에, 결국 잡채밥을 먹지 못하고 남들처럼 짜장면을 먹게 되는 동일한 결과가 펼쳐졌을지 모른다. 하지만 이런 경우엔 자율적으로 선택했고 어쩔 수 없는 상황이기 때문에 자신을 한심해하거나 피해의식을 가질 필요가 없게 된다. 또 다른 경우, 만약 동료들이 "그냥 다 같이 먹는 거로 하지?"라며 상훈 씨의 욕구를 통제했다고 치자. "그럴까? 그럼 더 빨리 나오겠지?" 하고 쿨한 척 짜장면을 선택하든, 마지못해 내 욕구를 포기하든, 이 경우에도 일단 나는 2차적 선택이라는 의사표시를 했기 때문에 지금처럼 몇 달이 지나서까지 찜찜한 감정이 남지는 않을 것이다. 그리고 또 한 가지 분명히 해야 할 점은, 만약 동료들이 상훈 씨에게 남들처럼 똑같이 먹으라는 요구를 했다면 그건 엄연히 그 사람들의 미성숙한 태도로, 그들에게 관계 맺기의 서투름의 책임을 돌려주면 그만이다.

막상 현실에선 우리가 염려하는 것처럼 '큰일'이 그렇게 흔하게 벌어지지 않는다. 그 걱정이란 대부분 생각이 만들어낸 것이기 때문이다. 만에 하나 염려가 현실로 나타나면 어쩌냐고? 나 자신을 중심에 두고 선택하면 된다. '혹시 생길지 모르는' 불이익을 감수하겠다는 배짱을 가져보자. 그리고 누구든 다른 사람을 욕할 권리도 있다는 것을 받아들이자. 나를 욕하는 사람도 그게 사실이든 아니든 자기 마음이다. 생각해보면 나도 그러고 살지 않는가? 욕 좀 먹는다고, 뒷담화 좀 듣는다고 세상 무너지지 않는다. 그들의 험담 자체가 내 인생의 대세에 그렇게 큰 영향을 미치지 않는다.

나는 2004년 이후 예식장 가는 것을 '끊었다'. 친척과 친구는 물론이고 친한 지인이나 직장 동료 등 누구의 결혼식에도 가지 않는다. 재미도 없고 솔직히 축하하는 마음도 들지 않는다. 이렇게 나의 욕구에 충실하면 사회생활을 못 한다는 비난을 들을 수도 있고 상대가 섭섭한 마음을 느낄 수도 있다. 하지만 이런 불이익을 감수하면 좋은 점이 더 많다. 내 시간과 돈을 아끼는 이득을 취할 수 있고, 무엇보다 나 자신에게 억지스러운 행동을 강요하지 않기 때문에 자유로움을 느낀다. 이건 나라는 사람의 생활 규칙이고, 규칙에는 예외 조항도 있기 마련이다. 그 예외 조항은 '가고 싶을 땐 간다'는 것이다. 예식이 창의적이거나 주인공을 진심으로 축하하고 싶은 마음이 들 때다. 5년 전쯤 딱 한 번 결혼식에 갔는데, 그때 신랑신부의 어색하고 행복한 표정이 지금도 생생하다. 신부에게 "정말 예쁘고 사랑스럽다, 행복하길 바란다"고 진심으로 축하할 수 있어서 나 또한 기쁜 시간이었다. 아마 상대방도 똑같이 느꼈으리라 믿는다. 지금은 주변 사람들 대부분이 내가 결혼식장에 가지 않는다는 것을 알기에 결혼 소식만 전하고 초대하지는 않는다. 이런 사실을 모르는 사람이 내게 청첩장을 주면 "초대해줘서 고맙다, 미안하지만 나는 결혼식장에는 가지 않는다"라고 말한다. 이유를 설명할 의무도 없고 변명처럼 말할 필요도 없다. 지금 나에게 중요한 것을 하고 결과에 책임지면 된다. 책임진다는 말이 무겁게 들린다면 감당 정도로 생각해도 좋다. 내가 선택한 행동의 결과를 감당하면 자존감은 높아진다.

물론, 규칙은 변할 수 있다. 그땐 그저 이렇게 말하면 된다.

"생각이 바뀌었어."

나를 위한 일이
세상을 위한 일이다 ─────────────

"얘, 치킨 먹을래?"

"왜, 엄마 치킨 먹고 싶어?"

"아니 먹고 싶은 건 아닌데, 너 먹으면 같이 먹고, 아님 말고."

양념치킨을 좋아하는 엄마는 내게 이런 식으로 물어볼 때가 있다. 그러면 나는 별로 먹고 싶지 않아도 치킨을 주문한다. 만약 내가 '나는 별로 먹고 싶지 않으니 혼자 드시라'고 한다면 엄마는 안 드실 게 뻔하기 때문이다. 엄마는 혼자서 맛있는 것을 먹는 걸 유난히 미안해한다. 가끔 어울리지도 않는 옷을 거금을 주고 살 때는 지갑을 쿨하게 열면서, 뭘 혼자 먹는 것은 돈이 아깝다고 한다. 게다가 딸한테 미안하다고 하는 걸 보면 어이가 없기도 하고 귀엽기도 하다. 먹고사는 일에 허덕여야 했고, 그래서 새끼들 배불리 못 먹인 게 죄라고 생각하는 엄마다. 이제는 먹고사는 걸 걱정하지 않아도 되는데도, 여전히 엄마는 당신의 욕구를 채우는 것을 불편해하고 미안해한다. 엄마의 역사를 알기에 그 심정도 이해는 가지만 엄마가 조금 더 스스로를 대접하길 바란다. 당신은 충분히 그럴 자격이 있으니까.

내가 원하는 것에 옳고 그름은 없다

정수 씨는 잘난 척하는 친구 때문에 스트레스를 많이 받고 있다. 만나기만 하면 제 자랑을 늘어놓는 친구가 아니꼽다. 속으로는 '야, 너만 잘났냐? 나도 잘났다' 하고 있는데, 겉으로는 친구 말에 "그럼, 그럼" 하면서 맞장구를 치고 있다. 정수 씨는 그러고 있는 자신이 더 속 터진다. 그 친구 앞에서는 이야기를 잘 들어주는 '좋은 친구' 퍼포먼스를 하고 있는데, 속으로는 친구를 '꼴 같지 않다'고 여기는 자신이 부끄럽고 화가 난다는 것이다.

"왜 그렇게 자신한테 야박하게 구세요?"

"네?"

"너만 잘났냐? 나도 잘났다! 하는 마음을 감추고 억누르고 있잖아요. 왜 그럴까요?"

"내 주제에 무슨? 이런 마음이 드네요."

"그게 바로 스스로에게 야박하게 구는 거죠. 정수 씨의 진짜 욕망은 뭘까요?"

"빛나고 싶고, 주인공이 되고 싶어요."

내가 원하는 것에는 옳고 그름이 없다. 그래도 되는 것과 그러면 안 되는 것도 없다. '내가 이런 걸 원해도 되나?', '이런 터무니없는 생각을 하다니, 미쳤어'라고 생각할 필요도 없다. 누구도 내가 원하는 것을 비난할 수 없다. 무언가를 원하는 데는 자격도 필요 없다. 스포트라이트를 받고 싶은 욕망이 뭐 어떻단 말인가. 나의 욕망을 지지해주자. 우리는 누군가를 좋아하면 그 사람이 원하고 좋아하는 걸 해주고 싶은 마음이 든다. 그리고 그 사람이 싫어하는 일은 되도록 피하려고 노력한다. 그렇다면 과연 나 자신에게는 어떠한가. "나를 사랑하는 게 참 힘들어요", "나를 사랑하는 건 어떻게 하는 거죠?"라고 말하는 사람들이 많다. 우리가 남들에게 하듯이 자신에게 좋은 일을 하면 된다. 내가 좋아하는 것과 내가 원하는 것을 알아주고 들어주는 거다. 남들이 원하는 건 척척 알아서 해주면서 왜 그렇게 자신에게 야박하게 구는가. 우리는 모두 무엇이든 원해도 되는 사람들이다.

나를 대접하는 일은 자신뿐만 아니라 주변 사람들에게도 도움이 된다. 스스로를 위해 무언가를 하면, 남들이 나를 위해 애쓰거나 눈치 보지 않아도 된다. 그러면 그 상대는 나를 훨씬 더 편안하고 친근하게 여기며 고마워할 것이다. 엄마가 스스로 먹고 싶은 걸 나의 동의나 협조 없이 알아서 즐길 수 있다면, 나는 원하지 않을 때 치킨을 안 먹어도 된다. 엄마가 자신을 위해 뭔가를 거리낌 없이 자연스럽게 한다면, 나는 엄마에게 무언가 해주지 못한다는 사실을 미안해하지 않아도 된다. 그러면 나는 죄책감을 숨기거나, 때로는 낮은 자세로 엄마에게 무언가 보상하기 위해 불필요한 에너지를 쓰지 않아도 된다. 그렇게 낭비하지 않은 힘을 엄마와 더 편안하게 대화하고 즐거운 시간을 보내는 데 쓸 수 있다.

정수 씨도 마찬가지이다. 친구보다 잘나고 싶고, 누구보다 빛나고 싶은 욕구를 부끄러워하거나 터무니없는 생각이라며 스스로를 무시하지 않아야 한다. 자신의 욕구를 알아주고, 현재 나의 결핍감을 수용하고 존중한다면, 잘난 척하는 친구를 향한 피해의식 따윈 생기지 않을 것이다. 피해의식이 없을 뿐 아니라, 오히려 친구가 왜 저렇게 '나 잘났네'를 외치고 있을까 하는 순수한 호기심이 생길 수도 있다. 그러면 나의 결핍을 다른 사람에게 투사하지 않으면서 친구의 속마음까지 헤아려질지도 모른다. 그래서 그 허한 마음들이 사라진다면, 그때도 그 친구가 여전히 재수 없게 느껴질까? 아마 그렇지 않을 것이다. 정수 씨가 친구에게 영혼 없는 맞장구 대신 진심 어린 침묵으로 대하면, 그 친구는 분명 어느샌가 정수 씨에게 늘어놨던 잘난 척을 멈추게 될지 모른다. 그 친구가 끊임없이 '자기 말'을 쏟아냈던 이유는 상대가 내 말을 진심으로 듣고 있지 않다는 걸 무의식적으로 감지했기 때문일지도 모른다. 상대에게 진정한 공감을 받고 있다고 느끼면 더 이상 내 말 좀 들어달라고 떠들지 않게 된다.

이렇게 내가 나의 욕구를 이해하고 존중하는 것을 연습하다 보면 덤으로 다른 사람의 행위 이면의 욕구를 헤아리는 능력까지 갖추게 된다. 더 좋은 선물은 진실한 친밀감을 주고받는 관계를 만들 수 있다는 점이다. 누군가 내 말을 진심으로 들어줄 때 그 사람과 가슴으로 연결되는 기분을 느껴본 적이 있는가. 너무 편안하고 따뜻해서 눈물 나게 고마운 느낌 말이다. 이렇게 나의 욕구를 수용하며 자신을 이해하고 사랑하는 일은 나에게도 남에게도 득이 된다. 그러니 나를 위하는 일이 곧 세상에 좋은 일이다.

2 장

인정 중독 벗기

나로 사는 데

누군가의 인정은 필요 없다

나는 왜
거절을 못 할까? _____

아래의 문항에 '그렇다', '아니다'로 답해보자.

	그렇다	아니다
부탁을 거절하지 못한다.	○	○
차라리 맞춰주는 게 편하다.	○	○
거절하면 상대방이 화를 낼까 봐 두렵다.	○	○
만나기 싫은 사람의 약속도 거절하지 못한다.	○	○
부탁을 거절해서 불편해지는 게 싫다.	○	○
거절하면 상대방이 상처받을까 봐 걱정된다.	○	○
몸이 아파서 쓰러질 것 같아도 남의 부탁을 들어주려 한다.	○	○
거절해놓고 아무리 생각해도 미안해서 다시 부탁을 들어준다.	○	○

8개 중 5개 이상 해당된다면 당신도 '착한 사람'일 가능성이
높다.

위 문항들은 착한 사람들을 위한 치유 프로그램에서 '착한 사람들의 특징'이라는 주제로 이야기할 때 나온 것이다. 참여자들 모두 거절을 잘 못 하는 것이 고민이라고 말했다. '거절'은 그들이 꼭 이루고 싶은 마지막 미션처럼 여기는 주제였다. 단칼에 거절해보는 것이 소원인 사람도 있었다.

도대체 거절이란 왜 이렇게 힘들까? 상대와 불편한 관계가 되는 것이 싫어서, 상대방이 상처받을까 봐, 화를 낼까 두려워서…. 이게 진짜 이유일까? 상대와 불편해진다는 건 무슨 뜻일까? 내가 거절한다고 해서 상대방이 상처받는다고 생각하는 근거는? 거절 좀 했다고 상대가 화를 내는 건 온당한가? 우리 스스로 이런 질문을 해야 한다. 그래야 내가 거절하지 못하는 진짜 이유를 찾고, 억지 마음을 내면서 고달프지 않을 수 있다. 이 세 가지 경우에 해당하는 우리의 마음 작용을 살펴보자.

사람 좋은 척하다가 도리어 내가 상처받는다

거절했을 때 상대와 불편해진다는 건 상대와 내가 수평적인 관계가 아닐 가능성이 크다는 걸 시사한다. 거절하면 상대방이 화를 낼까 봐 무섭다는 건, 내가 상대방의 감정까지 책임져야 한다는 중압감을 느끼는 관계일 때 그럴 수 있다. 주로 부모와 자식, 상사와 부하 직원, 선배와 후배처럼 수직적인 관계라면 더욱 그렇다. 나이나 지위, 역할을 떠나서 인간적인 면에서 정서적인 교류가 평등하지 않고 진실한 친밀감을 나누지 못한다는 뜻이다.

진짜 친밀감을 나눌 수 있는 관계라면 상대방이 내 거절을 이해할 것이라는 믿음이 있다. 상대와 불편해지는 게 싫다는 말은 사실 왠지 내 마음이 불편하다는 뜻인데, 그 사람에게 맞춰주지 않으면 오히려 손해를 볼지 모른다는 생각이 깔려 있는 것은 아닌지 생각해보자. 이럴 땐 손해를 감수하고서라도 부탁을 거절하든, 아니면 손해 보기 싫은 자신을 솔직하게 인정하는 게 낫다. 나의 속물성을 외면하면서 사람 좋은 척하지 말자. '내 실속을 차리기 위해 부탁을 들어준다'고 생각하면 더 편하다. 이게 뭐 잘못됐나? 자신에게 솔직하고 비겁하지 않은 게 진짜 착한 거다.

두 번째로 내가 거절한다고 해서 상대방이 상처받을지 모른다고 생각하는 건 거절하는 일에 대한 '나의 두려움'을 투사한 것일 가능성이 높다. 내가 거절당하는 게 두려우니 상대방도 거절당하면 상처받을 거라는 짐작이다. 하지만 상대는 생각보다 강할 수 있다. 내가 거절을 잘하지 못할 만큼 쪼그라들어 있는 상태라면, 주변에는 나보다 강한 사람이 더 많을 수밖에 없다. 그러니 나도 강해지고 싶다. 이때 나의 취약함을 가리기 위해 나보다 더 취약한 존재를 내 앞에 세워두면, 나는 좀 더 강한 사람이라는 느낌을 가질 수 있다. 요컨대 상대를 상처에 취약한 존재라고 규정하고, 내가 거절하면 그 사람에게 배척당하거나 거부당할지 모른다는 두려움을 숨기고 있는 건 아닌지 스스로 물어보자. 그게 맞다면 숨지 말고 나오면 된다. 별일 안 일어난다. 대부분 상상보다 현실이 안전하다. 쓸데없는 공상에 빠지면 궁상맞아진다.

거절당했다고 화를 내는 그 사람이 미성숙한 것이다. 게다가 온당하지 않은 자기중심적인 사고를 하고 있다. 모든 사람이 자기 부탁을 다 들어줘야만 한다는 건가? 이럴 땐 상대방의 격한 반응을 내 마음에 들이지 말아야 한다. 물론 어려운 일이지만 내 인생을 주체적으로 살기 원한다면 한 가지를 선택해야 한다. 다른 사람의 반응에 일희일비할 것인가, 일일이 상처받지 않는 쪽을 택할 것인가.

내겐 상대의 감정까지 책임질 의무가 없다

우리는 흔히 '무엇 때문에' 화가 난다. '저 인간만 아니면' 살겠다. '회사만 때려치우면' 상황이 좋아질 것 같다. 하지만 이 또한 착각이다. 진짜 나를 고통스럽게 만들어 죽이겠다는 사람이 있는 걸까? 그런 경우는 드물다. 대부분 내가 지어낸 생각이고, 갖다 붙인 해석이다. 감정은 외부에서 들어오는 것이 아니다. 나를 무시하는 상사 때문에 화가 난다고 치자. 상사가 나를 진짜 무시했는지는 그에게 확인하지 않는 한 알 수 없다. 사실인지 아닌지 중요하지도 않다. 상사의 어떤 태도를 내가 '무시'라고 '판단'하면서, 내 안에 열등감이나 수치심이 자극되어 화로 드러난 것이다. 예를 들어 부모가 나를 무시할 때 보이던 태도를 상사가 비슷하게 행할 때, 나는 더 강렬하게 자극받는다. 감정은 명백하고 순수하게 나로부터 온다. 그러니까 입장을 바꿔 생각해서 상대방이 나의 거절에 화를 낸다면, 이 또한 그의 어떤 취약점이 자극받았기 때문일 것이다. 내가 어쩔 수 있는 부분이 아니다. 상대의 감정은 내가 책임질 수 없다 (마찬가지로 내 감정 또한 상대가 책임질 수 없다는 것도 꼭 함께 이해하자). 이럴 땐 그냥 속으로 '아이고, 안 됐네요. 내가 도와줄 길이 없어요. 계속 그렇게 사세요.' 하고 넘어가면 된다.

특히 우리가 거절하기 힘든 경우는 상대방이 보내는 제안의 형식이 선의라는 프레임을 쓰고 있을 때다. 예를 들어, 회사에서 내가 어려워하고 존경하는 선배가 요즘 내가 우울해 보인다며 걱정한다. 커피를 전하며 이야기를 시작하더니 멈출 줄 모른다. 나는 약속이 있어 출발해야 할 시간이 지났지만, 선배의 말을 자를 수가 없어 영혼 없는 끄덕임만 계속하고 있다. 속으로는 약속 시간이 늦어 조바심이 나고, 선배의 긴 이야기가 잔소리 같아 짜증도 좀 난다. 이렇게 상대방의 행위가 나에게 베푸는 선의일 때는 거절하기가 더욱 힘들어진다. 타인의 선의를 묵살하는 나쁜 사람이 되고 싶지 않기 때문이다. 이럴 땐 긴 이야기에 말려들기 전에 감사의 표시를 얼른 하고 자리를 물려야 한다. "선배님께서 이렇게까지 저를 걱정해주시다니 너무 감사해요. 도움이 되는 말씀을 더 듣고 싶지만 지금은 제가 약속이 있어서요. 다음에 기회가 되면 꼭 조언 듣고 싶습니다." 이렇게 했는데 혹시 선배가 나를 괘씸하게 생각한다면? 그럼 어쩔 수 없다. 그를 향한 존경을 거두시라.

우리가 거절이 힘든 이유는 타인에게 좋은 사람, 착한 사람으로 인정받고자 하는 욕구 때문이다. 다시 말해 이러한 인정 욕구는 남들을 의식하는 타인지향성과 연관지어 설명할 수 있다. 타인지향성을 가진 사람은 다른 사람의 요구에 민감하게 반응한다. 타인이 나에게 실제로 무언가를 요청하든, 특정한 태도로 무언의 압박을 하든 모두 민감하게 받아들인다. 이런 민감성은 인정뿐 아니라 비난에도 똑같이 적용된다. 타인지향성이 높은 사람은 누군가가 나를 혹평하는 것, 나의 가치를 평가절하하는 것, 미덥지 못한 태도를 보이는 것, 어떠한 반응도 보이지 않는 것 등에 상처받는다. 심한 경우 '칭찬받지 못한다면 비난받은 것과 마찬가지'라는 망상에 가까운 추측을 하기도 한다. '그 사람을 실망시키면 나는 끝장이야'라는 생각도 비합리적인 건 마찬가지다.

타인지향성이라는 말은 주로 관계 안에서 독립적이지 못한 주체에게 사용하는 말이다. 하지만 이 말을 단지 남의 눈치를 잘 보는 성향이라는 뜻 대신, 나의 내적 성장과 관계의 건강성을 위한 건설적인 개념으로 해석해보면 어떨까. 남을 의식한다는 개념을 긍정적으로 확장하여, 타인의 삶을 이해하고 진정으로 소통하며 연대하는 방향으로 나아갈 수 있으면 좋겠다.

타인이 있기에 내가 존재한다. 힘에 부치는 일도 힘을 합치면 성사되고, 한 사람의 능력으로 안 되는 일도 여럿이 재주를 모으면 가능해진다. 사람은 혼자 살 수 없다. 도움을 주고받는 일에 자존심을 다치거나 민폐라고 생각하는 것이야말로 무모한 오만함이다. 착한 우리들은 받는 것보다 주는 것에 익숙하다. 관계라는 말 자체가 연결되고 이어진다는 뜻이다. 주고받아야 서로 연결되고 마음 안에서 깊이 이어진다. 타인을 향한 일방향 화살표가 아닌, 서로를 향한 양방향의 화살표로 연결해보자.

부탁할 수 있는 사람이 거절도 할 수 있다

내 삶의 주인으로 살기 원한다면 거절은 선택이 아니라 필수 조건이다. 거절하기 훈련 과정에서 제안하고 싶은 방법은 거절 연습이 아닌 역으로 '부탁하기'이다. 하루에 한 번씩 누군가에게 어떠한 것이든 부탁이나 요청, 제안을 해보자. "저녁 설거지 좀 해줄래?" "외출해야 하는데, 아이 좀 봐주시겠어요?" "오늘 중요한 집안 행사가 있어서 가봐야 하는데 마무리를 좀 부탁해도 될까?" 원래 거절이라는 것도 부탁이 먼저 있어야 할 수 있다. 내가 원치 않는 일을 거절할 수 있으려면 나도 누군가에게 도움을 청할 수 있어야 한다.

자신에게 물어보고 솔직하게 답해보자. '나는 도움을 청할 수 있는 사람인가?' 그러지 못하는 사람이라면, 그 이유는 무엇일까? 상대가 나를 귀찮아하거나 못났다고 생각할 거라 지레짐작하진 않았나? 반대로 위 질문에 '그렇다'라고 대답했다면, 다음 질문에도 답해보자. '도움을 청할 때 어떤 마음이 드는가?' 도움을 청하긴 했지만 자존심이 상하거나 상대가 거절하면 어쩌나 불안한가? 이렇게 스스로에게 자꾸 물어보고 확인하는 길밖에 없다.

나의 두려움과 한계를 인정하고 누군가에게 부탁이나 도움을 청할 수 있다면 거절하는 일도 지금처럼 어려운 일이 되지 않는다. 모든 사람이 내가 청하는 모든 부탁을 다 들어줄 수 없기 때문이다. 그러니 나도 분명히 거절당하게 되어 있다. 그렇게 몇 번 거절을 경험해보면 별것 아니다 싶어진다. 거절을 확대해석하지 말자. 거절당한다고 내 존재가 거부당하는 건 아니다. 반대로 내가 누군가의 감정적 호소를 뿌리친다고 해도 그 사람을 버리는 게 아니기 때문에 죄책감을 가질 필요가 없다. 못됐다는 소리를 듣기 싫어 무리해서 도와주거나, 하는 수 없이 부탁을 수락하는 건 나 자신에게 비겁한 일이다. 내가 쓰는 방법 중에 하나는 '나쁜 사람 되기'이다. "난 그냥 나쁘게 살래" 하며 가끔 거만을 떤다. 다른 사람 눈에 들기 위해서가 아니라 나 자신과 내 삶에 당당해지기 위해서 말이다.

체면이라는
최면에서 벗어나기 ────────────

　　수미 씨는 일을 하다 허리를 삐끗했다. 통증이 심하고 움직이기도 힘들다. 그런데 다친 게 문제가 아니라 당장 내일 예식장에 갈 일이 걱정이다. 예식장에 가지 못하면 엄마가 뭐라 할까 겁나기 때문이다. 너무 힘들어 엄마에게 전화를 걸었다. 허리를 다쳤다는 말은 하지 않고 "몸이 좀 안 좋아 내일 예식장에 못 갈 것 같다"고 말했다. 엄마는 예상대로 버럭 화를 내며 "첫째인 네가 안 오면 우리 집안을 뭐로 보겠니. 당장 죽을 만치 아픈 거 아니면 와"라고 했다. 수미 씨는 저도 모르게 "알겠어요"라는 말이 튀어나왔다. 입고 갈 옷도 없어 친구에게 빌렸다. 어렵게 간 예식장에서 수미 씨가 엄마에게 들은 말은 다음과 같았다. "너는 예식장에 오는데 창피하게 옷이 그게 뭐니? 다른 사람들이 뭐라고 하겠니?" 입고 온 옷이 남 보기에 초라해 보인다는 이유로 엄마에게 면박을 받은 것이다.

　　수미 씨는 예식장에서도 허리가 끔찍이 아팠지만 내색할 수 없었다. 걸음걸이가 심상치 않은 걸 발견한 동생들이 왜 그러냐고 묻자 수미 씨는 허리를 다쳤다고 답하며, 엄마한테는 말하지 말라고 단단히 일러뒀다. 가까이 있던 모든 사람이 수미 씨의 거동이 불편한 걸 눈치챘지만, 엄마만이 알지 못한 채 그저 옷을 타박할 뿐이다. 며칠 후 다시 수미 씨 엄마의 호출 명령이 떨어졌다. 치료 중이던 수미 씨가 어쩔 수 없이 허리를 다쳐서 갈 수 없다고 말하자 "너는 나이가 몇인데 아직도 그렇게 칠칠치 못하냐"는 말이 돌아왔다.

50대 후반인 수미 씨는 4녀 1남의 장녀이다. 사업을 하던 그녀는 형제 중에 제일 부유하게 살았다. 그런데 사업체가 남의 손에 넘어가면서 지금은 형편이 아주 어렵게 되었다. "인생이 송두리째 날아간 것 같다"는 그녀는 요즘 몸도 아프고 우울감이 깊어져 만사가 다 귀찮다. 누구와 말을 섞는 것도 싫고 집 밖에 나가기도 싫다. 동생들은 어릴 적 부모를 대신한 큰언니에 대한 고마움과 미안함으로 경제적인 도움을 주고 싶어 하지만 그녀는 도움을 일절 거부한다. "내가 첫째인데 어떻게 동생들 돈을 받아요. 절대 그렇게는 못해요. 차라리 이대로 죽는 게 나아요."

결국 수미 씨 자신도 엄마처럼 체면과 자존심 때문에 동생들의 애정 어린 도움을 거부하는 것이다. 그녀는 여든이 다 되어가는 엄마가 여전히 무섭다. 엄마가 좋아하는 일을 하며 엄마의 기분을 맞추기 위해 애쓴다. 그 노력은 대체로 엄마의 체면을 살려주기 위한 것들이며, 동시에 엄마의 체면이 깎이지 않도록 조심하는 일이다. 수미 씨가 엄마에게 서운했던 일, 정확히 말하면 구박과 핀잔, 거부당했던 일은 수없이 많다. 이런 일들을 여태껏 말도 못 하고 살았다니 얼마나 답답했을까. 수미 씨의 엄마는 딸을 늘 다른 사람과 비교했고 부끄럽게 여겼다. 그런 어머니의 태도는 수미 씨의 자존감에 상처를 입혔다. 이렇게 자존감이 낮아 심리적으로 취약한 사람은 스스로를 사랑받을 만한 존재로 여기지 못한다. 그러니 타인의 호의도 순수한 선의로 받아들이지 못한다. 당연히 점점 외로워질 수밖에 없다.

우리는 체면에서 자유로운가

착한 사람들에게 체면이라는 화두가 드러나는 경우는 두 가지다. 하나는 누군가의 체면 때문에 내가 상처 입는 경우이고, 하나는 나의 체면 때문에 감정표현과 행동이 자유롭지 못해 건강하지 못한 관계를 맺는 경우다. 그리고 수미 씨처럼 타인, 주로 가족의 체면 때문에 자신이 상처받고, 또 자신의 체면 때문에 도움받지 못하는 두 가지 상황이 맞물려 돌아가는 경우가 많다.

나는 어떠한가? 체면에서 자유로운가?

자신을 어떤 사람이라고 생각하는가는 다른 사람들에게 어떤 대우를 받는가와 깊게 연관된다. 그러니 살면서 남들의 눈이나 평판을 전혀 신경 쓰지 않고 살기란 불가능할지 모른다. 좋은 평판을 받아서 나쁠 것 없고, 오해를 사거나 평가절하 당했을 때 마음이 상하는 게 자연스러운 일이니 말이다. 하지만 과도한 인정 욕구나 타인지향성으로 평판과 체면을 떠받들면 관계에 사달이 날 우려가 크다. 늘 타인의 시선을 신경 써야 하는 자신도 피곤할 뿐 아니라, 주변 사람을 나도 모르게 조종하게 되는 결과를 만들면서 타인의 인생에 먹물을 끼얹을 수 있다.

체면은 인정 욕구와 밀접한 관련이 있다. '남을 대하기에 떳떳한 도리나 얼굴.' 체면의 사전적 의미에서도 인정 욕구를 유추해볼 수 있다. 흥미로운 점은 체면의 정의에는 안팎이 모두 담겨 있다는 것이다. 남을 대하는 것은 '밖', 떳떳한 도리나 얼굴은 내 '안'의 것이다. 밖에 있는 '남'을 대할 때 안에서 '떳떳한 느낌'을 갖는다는 것 자체가 참으로 힘든 일이며, 모순이기도 하다. 기준이 밖에 있으니 그 남이 누구냐에 따라 나의 떳떳함, 혹은 자족감이 달라질 것 아닌가. 밖에 있는 기준으로 안을 떳떳하게 만들려니 충돌과 저항이 생길 수밖에 없다.

반면 내 안의 기준으로부터 생겨난 떳떳함이라면 당연히 상대에 따라 흔들리거나 달라지지도 않는다. 이런 당당함은 내적인 힘에서 나오며, 동시에 그 힘을 더욱 키우는 일이 된다. 이 힘은 자신의 존재와 가치에 대한 믿음, 즉 자존감이라고 할 수 있다. 자존감이 강한 사람은 체면에 휘둘리지 않는다. 인정 욕구와 체면, 자존감은 서로 영향을 주고받는다. 자존감이 강한 사람은 인정 욕구 때문에 스스로를 다그치는 일이 없고, 남들에게 보이는 체면도 그다지 신경 쓰지 않는다.

자존감을 높이기 위해서는 체면이라는 최면에서 벗어나야 한다. 먼저 우리가 해야 할 일은 비교하는 습관을 내던지는 것이다. 그것이 나에 관한 것이든, 가족에 관한 것이든 마찬가지이다. 비교의 대상은 대개 권력, 지위, 지식, 물질 등이다. 중요한 건, 최소한 유사한 항목들끼리 비교가 이루어져야 한다는 점이다. 다시 말해 삶의 가치와 목표, 태어난 환경과 심리적 배경이 비슷하지 않은 사람과 권력, 지위, 지식, 물질 등을 기준으로 비교하는 일 자체가 불합리하다. 그들과의 비교에서 우월감과 열등감을 느끼는 것은 마치 근거 없는 증명서처럼 무용하고 부질없기 때문이다.

대부분의 사람은 '내가 사는 데 필요한 얼마를 버는 것이 중요하다'고 생각하기보다, '남들과 비교해 수입이 얼마나 더 많은가', 혹은 '얼마나 더 많이 재산을 축적해놓았는가'에 따라 삶의 만족도나 안정감이 달라지는 것 같다. 누구는 연봉이 얼마고, 누구는 어느 동네, 어떤 아파트, 몇 평짜리 집에서 살고, 누구는 어떤 옷을 입고, 누구는 어떤 회사에 다닌다더라, 이렇게 비교하고 살면 결코 해갈되지 않는 목마름을 영원히 느끼게 하는 형벌을 스스로에게 내리는 것이다. 이처럼 비교하는 데서부터 괴로움이 시작된다. 불행의 씨앗은 비교이며, 비교는 비참을 부른다.

내 인생인데 왜 남의 시선이 신경 쓰일까

우리는 왜 내 인생을 사는데 남들의 인생에 비추어 비교의 잣대를 들이대는 걸까? 바로 안심하고 싶은 마음 때문이다. '내가 좀 낫네', '나도 괜찮은 사람이군', '이 정도면 그렇게 뒤처져 보이지는 않겠어', '날 모욕했던 인간도 이젠 찍소리 못할 거야'라는 생각이 들면, 마음이 놓인다. 남보다 우월해지고 싶은 마음, 적어도 남들과 다르지 않다는 것을 확인하고 싶은 마음이다. 그러다 남들이 다시금 나보다 가진 게 더 많아지거나 앞서게 되면, 또다시 새로운 기준을 좇아 내달려야 한다. 애초부터 숨은 사람이 없는 숨바꼭질을 하는 것과 같다. 본래 찾을 사람이 없는데 찾아 헤매는 술래처럼 끝나지 않는 숨바꼭질을 계속하고 있을 텐가?

비교하는 습관은 어떻게 생길까? 우리가 자신을 남들과 비교하는 것은 나를 비춰줄 거울 같은 대상을 필요로 하기 때문이다. 즉, 내가 누구인가를 말해줄 사람을 찾는 것이다. 그 심리적 기원은 대상관계이론Object Relations Theory에서 찾아볼 수 있다. 이 이론에서는 인간에게 가장 중요한 환경을 그가 관계 맺고 있는 대상(관계 대상)이라고 본다. 이 대상들과의 관계에 따라 마음의 구조가 형성된다. 아이는 자기를 기쁘고 자랑스럽게 받아주는 '어머니 눈 속의 환한 빛'을 보고 싶어 한다. 그래서 최초의 대상인 양육자가 아이의 거울 역할을 바람직하게 해준다면 아이에게는 긍정적인 자아상이 만들어진다. 즉, 부모의 힘에 위협을 느끼지 않고 내가 안전하게 기꺼이 받아들여지고 있다고 느끼면 건강한 자기감Sense of Self이 형성된다는 것이다.

자기감이란 삶의 전반에서 경험하는 나만의 느낌, 감각, 생각, 의식, 이해, 판단 등을 총칭한다. 보고 듣고 냄새 맡는 모든 감각 활동, 호흡하고 움직이는 모든 신체 활동, 내가 선택하고 나에 대해 말하고 나를 상징적·은유적으로 표현하는 지적 활동 등 여러 영역을 포함한다. 인간에게는 '표현의 본능'이 있다. 이 본능을 누르며 남들을 의식하느라 나를 솔직하게 표현하지 못하면, 외로움이나 우울감, 분노로 이어질 수밖에 없다. 그런데 나를 표현하려면 표현할 거리가 있어야 하지 않겠는가. 바로 나의 느낌, 감정, 생각, 신념 등을 표현하는 것이다. 또 이런 것들을 표현하려면 나는 지금 어떤 느낌을 갖고 있고, 어떤 감정이 생겨나며, 무엇이 좋고 싫은지 알아야 할 것 아닌가. 바로 이와 같은 것들을 스스로 알고 있는 것이 자기감이다. 건강한 자기감이 있으면 내 삶을 스스로 통제할 수 있다는 믿음과 힘이 생겨난다. 굳건한 자기감은 자존감으로 이어진다.

반면 자기감이 부족하면 자주 스스로를 의심하며 불안해하기 때문에 남들을 비교 대상으로 놓고 나를 판단하게 된다. 남들과 크게 다르지 않다는 것을 확인하면서 안전감을 느끼는 것이다. 하지만 남과 나를 비교해서 얻은 안전감은 또 다른 외부 자극으로 금세 균열이 나기 쉽다. 불안을 떨치기 위해 또다시 그 대상을 끊임없이 내 앞에 펼쳐놓을 것이다. 어떻게 살겠다는 신념을 챙기지 못한 채, 남들이 나를 어떻게 보는지, 남들은 어떻게 사는지, 남들은 어디로 가는지 살피는 일이 과연 내 인생에 진정 무슨 도움이 되는지 생각해봐야 한다. "이제 와 보니, 등대도 없는 바다 한가운데 난파된 배처럼 느껴진다"고 말한 초로의 어느 내담자의 참회가 떠오른다. 자기감은 삶이라는 바다의 등대와 같다.

나를 드러내도 괜찮아

자기감을 키우기 위해 노력해보자. 우선, 앞에서 말한 자기감의 정의를 다시 한번 찬찬히 곱씹어보길 바란다. 흔하게 쓰이는 말이 아니기 때문에 자기감이라는 용어 자체가 낯설지 모른다. 어떤 개념을 이해하려면 제일 먼저 그 정의부터 공부하는 게 좋다. 그리고 그 개념을 내 것으로 만들려면 나만의 정의를 내려야 한다. 그러면 그것은 정보에서 지식으로, 지식에서 삶으로 변해간다. 자기감을 굳건히 하고 싶다면 다음과 같은 연습이 도움이 될 것이다.

첫 번째, 내 감정과 생각을 표현하고(자기진술), 자기가 어떤 사람인지 말하거나 써보는(자기정의) 연습을 권한다. 도대체 뭘 해야 할지 막막할 것이다. 간단한 것부터 시작해보자. '내가 좋아하는 것', '내가 싫어하는 것', '내가 하고 싶은 것', '내가 하기 싫은 것' 등의 목록을 만들어보자. 개수의 제한은 없고 생각날 때마다 계속 업데이트해나가면 된다. 그다음에는 '내가 잘하는 것 100가지'를 찾아본다. 너무 많지 않냐고 놀랄지 모르겠지만, 충분히 할 수 있다. '나는 음식을 맛나고 복스럽게 먹는다', '나는 정리정돈을 잘한다'처럼 일상적이고 소소한 것들을 찾으면 된다. 이 목록도 더 쓸 수 있으면 계속 추가한다. 이외에도 나에 대해 이야기하고 정의 내릴 수 있는 나만의 창의적인 주제들을 고안해보자.

　우리가 이렇게 자기감을 키우기 위해 노력해야 하는 이유는, 오로지 내 인생을 살기 위해서이다. 인생은 한 편의 영화로 비유되기도 한다. 나는 상영 시간이 정해져 있는 영화의 주인공이다. 영화 제목은 〈내 인생〉이고, 주인공은 '나'다. 내가 '나'를 잘 소화하기 위해서는 캐릭터와 하나가 되어야 하지 않겠는가. 배우들이 배역이 정해지면 가장 먼저 하는 일이 캐릭터의 성격을 파악하고 이해하는 일인 것처럼 말이다. 누구에게 보이기 위한 삶이 아닌 내 삶을 살기 원한다면, 나의 느낌과 욕구, 생각과 신념, 태도와 행동에 대해 알고 표현할 수 있어야 한다. 그리고 그것들을 스스로 믿어주고 지지하는 의식적인 노력이 필요하다. '말 좀 하고 살아도 괜찮다', '나를 솔직하게 표현하는 게 최선이다' 이런 주문을 외워보자. 더불어 남과 비교하지 않겠다고 단단히 결심하고 실천해야 한다. 아니면 주인공을 부러워하거나 질투하는 엑스트라로 살거나, 혹은 '타인의 영화'에서 주인공이 되겠다는 말도 안 되는 이상한 꿈을 꾸며 살게 된다.

인정받고 싶어,
나에게 ───────────────────

　20대 후반의 진수 씨는 부모님의 칭찬과 인정이 너무도 고프
다. 집안 사정으로 중·고등학생 시절에 할머니와 둘이 살아서 그런
것 같다고 말한다. 20대가 되어 부모님과 다시 함께 살기 시작했는
데, 여전히 부모님과 함께 있는 시간이 썩 편하지만은 않다. 그는
부모님과 소통할 수 있는 대화거리가 없다고 느낀다. 그런데 부모
님에게 칭찬을 받을 때는 부모님과 대화하는 것처럼 느껴진다. 진
수 씨는 칭찬을 소통으로 여기며, 소통하기 위해, 실은 인정받기 위
해 오늘도 엄마가 좋아하고 아빠가 자랑스러워할 일에 최선을 다
한다. 그렇게 애를 쓰다 보니 부모님에게 칭찬받는 일이 잦아졌다.
하지만 진수 씨는 불안이 점점 심해져 신경안정제를 복용 중이며
심리상담을 받고 있다. 부모님에게 인정받지 못하면 어린 시절처
럼 '버림'받을 것만 같기 때문이다.

나도 혹시 인정 중독 아닐까?

좋은 사람이란 뭘까? 남들을 귀찮게 하거나, 주야장천 제 자랑만 늘어놓거나, 사사건건 반대 의견을 내는 사람을 가리켜 좋은 사람이라고 하진 않는다. 본인이 손해를 볼지언정 남을 먼저 배려하고, 자기 자랑은 하지 않고 겸손하게 타인을 적당히 추켜세우며, 목소리를 내기보다 집단의 의견에 순응하는 사람. 우리는 그런 사람들에게 '같이 있으면 편안하다', '겸손하다', '법 없이도 산다' 같은 칭찬을 한다. 그 칭찬은 받는 사람에게 약이 되어 또 '좋은 일'을 행하게 만든다. '착한 일-칭찬이라는 보상-인정 욕구 충족-다시 착한 일', 이렇게 인정 중독으로 빠져드는 것이다.

보상이란 "특정 행동에 대하여 행위자에게 주어지는 긍정적이거나 매력적인 모든 형태의 대가(특수교육학 용어사전)"를 말한다. 이 정의만 봐도 보상은 달콤하다. 사람마다 매력적으로 느끼는 보상은 다를 것이다. 하지만 칭찬, 인정, 감사 같은 사회적 보상은 받아서 나쁠 것 없는, 꽤 매력적인, 거의 모든 사람이 좋아하는 보상이다. 때로는 금전적 혜택 같은 물질적 보상보다 우리가 사고하고 행동하는 데 더 강력한 기폭제가 된다.

보상이 없는 일은 우리의 흥미를 그다지 끌지 못하며, 그 일은 오래 하기도 힘들다. 하지만 세상에 보상이 없는 일이 있을까? 대가가 없어 보이는 자원봉사도, 보람이나 뿌듯함 같은 긍정적인 감정을 보상으로 얻는다. 칭찬과 인정도 마찬가지이다. 주는 만큼 받고 싶은 게 인지상정이니 이 또한 자연스러운 것이다. 하지만 뭐든지 도가 지나치면 탈이 나게 마련이다. 특히 인정이라는 보상에 중독되면 내 가치를 밖에서만 찾게 되고, 내 안의 진솔한 감정과 욕구를 잃어버리는 매우 치명적인 부작용이 생긴다. 나의 가치는 남들의 인정으로만 평가할 수 없다.

착한 사람 대부분은 인정에 살고 인정에 죽는다

요즘은 중독이라는 말이 흔하다. 예전에는 알코올 중독, 마약 중독, 약물 중독 정도는 되어야 중독이라는 말을 썼다. 그러나 근래엔 인터넷 중독, 쇼핑 중독, 탄수화물 중독, 스마트폰 중독, 심지어는 특정 연예인을 향한 마음에도 중독이라는 말을 갖다 붙인다. 중독이라는 말에 대해 더 깊게 생각해보자. 술을 마시는 사람이 모두가 알코올 중독자가 되는 것도 아니고, 스마트폰을 사용한다고 모두 중독이 되는 것은 아니다. 인정받는 것을 좋아한다고 해서 중독은 아니라는 뜻이다.

중독은 '통제 불가능한 상태'이다. 그래서 중독이냐 아니냐는 그 대상을 향한 욕구를 조절할 수 있느냐 없느냐가 기준이 된다. 이를 자기통제력이라고 한다. 처음에 대상을 접했을 때 기분이 좋고 만족감이 들면 그 행동을 반복하게 된다. 그러다 점차 그것이 채워지지 않는 상태가 불만족스럽거나 불안하게 된다면 더 이상 좋아하는 것이 아니라, '필요'한 상태가 되어버린다. 다시 말해 '타인에게 호감 어린 반응과 칭찬을 받는 나 자신'이 만족스럽기 때문에, 그 행동을 반복하게 되는 것이다. 반면 칭찬과 인정을 받지 못할 때 나를 쓸모없거나 가치 없다고 여긴다거나, 인정을 얻지 못할까 봐 조바심이 나고 밤잠을 설친다면, 불행하게도 인정 중독의 길로 들어서게 된 것이다.

착한 사람들 대부분은 인정에 살고 인정에 죽는다. 나도 엄마의 칭찬에 행복해하고, 엄마의 냉대에 상처받았다. 내 딴에는 잘했다고 한 일에 엄마가 시큰둥한 반응을 보이면 서운하고 불안했다.

'다음에는 이것보다 더 잘해야 하나 보다' 하면서 나를 더 채찍질했다. 불안이 행위를 이끄는 중독이었다. 내담자나 학생들 중에는 상담자나 선생님에게 인정받고 싶어서 그들이 원할 것 같은 반응을 하는 경우도 있다. 마음에서 나오는 자기 생각이 아니라 정답 같은 답변을 내놓는 것이다. 혹은 상대가 들으면 기분 좋아할 만한 말을 하기도 한다. 당연히 나도 그래 봤다. "선생님이 하라는 대로 했더니 내가 이렇게 변했어요" 하면서 상담자에게 고마움을 표시했다. '그러니까 나를 칭찬해달라'는 무의식적인 요구였다.

필요한 건 이미 내 안에 다 있다

이토록 매력적인 칭찬과 인정이라는 보상의 유혹으로부터 벗어날 수 있는 방법은 무엇일까? 자기통제력을 발휘해보기를 제안한다. 고트프레드슨Gottfredson과 허시Hirschi가 자기통제이론Self Control Theory에서 제시한 정의를 요약하면 다음과 같다. 자기통제력이란 장기적인 이득을 위해 즉각적인 욕구나 불필요한 욕망을 절제하고, 현재의 만족을 유보시켜서 바람직한 방향으로 감정과 행동을 조절할 수 있는 능력이다. 장기적인 이득이란 '나는 누구를 위해 살았다'가 아니라 '내 인생을 잘 살았다'에 가깝다. 바람직한 방향이란 동기와 결과가 '남을 위한 것'이 아닌 '나를 위한 쪽'을 향하는 것이다. 예를 들어 당장은 거절하기 힘들겠지만, 내가 할 수 없거나 원하지 않는 일을 거절하는 것이 나에게 장기적으로 바람직하다.

이렇게도 생각해볼 수 있다. 여태껏 우리는 자기통제력을 남을 위해 더 많이 썼을지도 모른다. 내가 감당이 안 되는 일인데도 부탁을 거절할 수 없어 떠안아 놓고 나의 감정과 욕구를 통제했다면, 이 능력을 남을 위해 쓴 게 된다. 하지만 이제는 나의 자기통제력을 나를 위해 쓰겠다는 확고한 결심이 필요하다. 나의 선택과 행위 중심에 남이 아닌 내가 있는지, 그것이 진정한 나의 욕구인지 살펴야 한다.

누군가의 부탁을 들어주거나 도와주는 것, 타인의 기대에 부응하거나 타인을 기쁘고 만족스럽게 하는 일 자체가 잘못됐다거나 쓸데없다는 뜻이 아니다. 그것들이 장기적으로 나를 위한 바람직한 일이라면 모두에게 이로운 일이 될 수 있다. 하지만 당장의 좋은 평가와 인정, 사랑을 받는다는 느낌을 충족시키기 위해서라면 다시 한번 생각해볼 일이다. 나의 선택과 행위의 중심에 오롯이 내가 있는지, 그것이 진정한 나의 욕구인지가 우선이다.

　인정받고 싶은 마음은 '존재 욕구'이다. 진정 어린 관심과 애정 어린 보살핌을 받고 싶다는 자연스러운 욕구를 부끄러워할 필요가 없다. 이러한 욕구를 내치지 말고 더 따뜻하게 끌어안아줘야 한다. 우리가 타인의 인정에 목매는 이유는 스스로를 인정하지 못하기 때문이다. 내가 이뤄낸 것, 이미 끝을 맺은 것, 여전히 해나가고 있는 것, 올바른 방향으로 가고 있는 것, 힘들었지만 지켜왔던 것, 일상을 살아내고 있는 것, 이런 것들을 내가 너무 몰라주고 있는 건 아닌가? 그러면서 나를 무시하지는 않았나? 나의 가치를 깎아내리면서 나의 존재 이유를 외부에서만 찾고 있진 않은가? 그렇다면 실망과 공허만 거듭되고 너덜너덜 소진되며, 나의 자존감은 바닥을 치게 된다. 내가 필요로 하는 것은 이미 내 안에 다 있다. 사랑도, 인정도, 행복도, 자유도 내 안에 있다. 그러니 타인에게 받고 싶은 칭찬과 인정을 스스로에게 해주자. 남이 해주는 건 한계가 있지만, 내가 해줄 때는 받고 싶은 만큼 원 없이 받을 수 있다. 손발이 오그라들도록 나를 추켜세워주자.

"정말 대단해!", "네가 최고야", "해낼 줄 알았어!", "지금까지도 정말 잘한 거야!"

우리가 그토록 듣고 싶은 말이 아닌가.

3 장

_____

분노와 죄책감

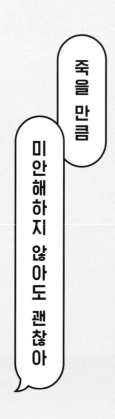

우리의 분노는
대부분 정당하다 ──────────────

"엄마는 엄마가 되게 예쁜 줄 알지? 착각하지 마, 엄마 못생겼어."

승희 씨는 마침내 엄마에게 일격을 가한다. 그때를 재현하는 그녀의 모습은 차갑지도 거칠지도 않다. 건조한 음성과 매서운 눈빛이다.

승희 씨의 엄마는 남다른 나르시시스트의 기질을 갖고 있다. 외동딸인 승희 씨를 자신의 대용품인 인형처럼 대했다. 승희 씨는 어렸을 적부터 무엇 하나 마음대로 해본 일이 없다고 한다. 대학생이 되어서 자기가 입고 싶은 옷을 처음 사 입었을 때, 엄마는 딸에게 어울리지 않는다는 이유로 새 옷을 내다버렸다. 이후에도 승희 씨는 원하는 옷을 입을 수 없었고, 엄마가 백화점에서 사다주는 '고상한 옷'을 입어야만 했다. 화가 치밀었지만 참았다. 그때마다 마음을 다스리는 주문을 읊었다.

'내가 이 집에서 돈을 받고 있는 동안은 유니폼을 입는다고 생

각하자.'

　승희 씨는 비록 엄마에게 맞서지는 못했지만 이렇게 나름의 방책을 세우고 있었다. 자발성을 빼앗긴 그녀의 분노는 에너지가 되었다. 졸업 후 취업해서는 이를 악물고 돈을 모았다. 드디어 자기 돈으로 방을 구해 집을 나가게 됐을 때부터, 엄마 가슴에 못을 박을 준비가 돼 있었다. 당신 스스로가 제일 예쁘며 최고라고 착각하는 엄마에게 현실은 그렇지 않다는 진실을 깨우쳐주고 싶었다.

　승희 씨의 이러한 일격을 반전이라고 할 수 있을까? 승희 씨가 자신의 경계를 지킬 수 있는 적절한 방법은 무엇이었을까? 승희 씨는 주어진 상황에 맞게 자신을 지키는 힘과 용기를 발휘한 것일까? 그녀가 만약 평소에 조금 더 용기를 내 엄마의 압제에 대항했다면 어땠을까? 아마 자기애가 강한 엄마는 기절했을지도 모른다(이런 엄마의 기절은 대개 쇼일 가능성이 높다). 그리고 모녀 사이가 틀어졌을 수도 있다. 하지만 그랬다면 승희 씨는 조금 더 일찍 자기 삶의 자율성을 되찾고 침입자를 물리칠 수 있지 않았을까? 물론 정답이 있을 리 없다. 승희 씨도 분명 그때그때 최선을 다한 것일 테니.

'착해야 한다'는 것이 진짜 선입견이다

착한 사람들은 화를 잘 못 낸다. 잘 참는다는 뜻이다. 그래서 화병에 잘 걸린다. 또는 화가 나는 게 자연스러운 상황에서도 분노라는 감정 자체를 아예 느끼지 못하거나, 이미 일어난 감정을 무시하기도 한다. 모두 분노를 억압하는 일이다. 우리는 감정에 휘둘리면 안 된다고 배워왔다. 특히 화를 내는 일은 어쩐지 교양 없어 보이고 때로는 유치하거나 치졸하다고 생각한다. 게다가 화를 잘 내는 사람은 대인관계 능력이 떨어지고 인격적으로 미숙하다는 선입견을 갖고 있기도 하다. 하지만 '분노는 나쁜 것'이라거나 '착해야 한다'는 것이 우리들이 직면해야 할 진짜 선입견이다.

착한 사람들이 가장 먼저 직면하고 해소해야 할 감정이자 표현하기 어려운 감정이 바로 이 분노다. 분노가 어떻게 생겨나고, 왜 억압되며, 그 결과는 어떠한지 살펴볼 필요가 있다. 이러한 과정을 이해하는 일은 우리가 부정적인 감정을 밀어내지 않고 자신과 타인을 좀 더 유연하고 너그럽게 대하는 데 도움이 되기 때문이다.

분노는 개인의 경계가 침범당했을 때 느끼는 부당함에서 온다. 그렇기 때문에 분노는 나를 보호하는 데 꼭 필요한 에너지이다.

심리치료사이자 《분노치유》의 저자인 레스 카터Les Carter는 분노를 개인의 가치, 본질적인 욕구, 기본적인 신념을 보호하고자 하는 의지라고 정의하였다. 그리고 관계에서는 무엇보다 '경계'가 중요하다는 것을 강조한다. 경계선을 세운다는 것은 "간단한 욕구를 전하는 것부터 보다 깊이 있는 신념에 관해 열린 자세를 취하는 것까지 모든 것을 포함한다." 즉 우리는 타인의 사소한 욕구부터 그가 삶을 대하는 신념에 이르기까지, 그 어떤 것도 강요하거나 침범할 수 없다는 의미이다. 마찬가지로 나의 욕구나 신념에 대해서도 다른 사람이 나의 경계를 제멋대로 넘나들게 해서는 안 된다는 뜻이기도 하다.

사상가인 마사 누스바움Martha C. Nussbaum은 《혐오와 수치심》에서 분노를 "신체적·심리적 위해나 손상에 대한 반응"으로 정의하며, 분노는 "부당함을 바로잡으려는 목적이 있다"고 말한다.

우리는 존중받지 못한다고 느끼거나, 거절당했다고 판단할 때, 자신의 무가치함을 발견할 때, 자연스럽게 분노의 감정과 맞닥뜨리게 된다. 나의 욕구가 부당하게 취급받거나 지속적으로 좌절되면 인정받고 사랑받고 싶은 본질적인 욕구가 채워지지 않기 때문이다. 또한 내 삶에서 중시하는 신념이 타인의 강압이나 외력에 의해 꺾일 때도 그 부당함을 바로잡기 위해서 분노의 에너지를 사용하기도 한다. 승희 씨의 독기 어린 독립선언처럼 말이다. 혹은 자신의 신념이 지나치게 강하거나 그것에 집착할 때도 분노가 일어나기 쉽다. 아마 자신과 딸을 동일시하고 살아온 승희 씨의 어머니 역시, 딸의 독립에 그런 감정을 느낄 것이다.

분노는 착한 사람이든 그렇지 않은 사람이든 누구나 경험하는 가장 원초적이고 자연스러운 감정이다. 분노가 이렇게 인간적인 감정임에도 불구하고 착한 사람들은 유난히 그 감정을 느끼지 못하거나, 적절하게 표현하지 못한다. 그러다가 한계에 도달하게 되면 결국 패배감을 느끼거나 언젠가는 뒤틀린 공격성으로 드러나는 경우가 많다.

거절의 상처가 분노를 키운다

분노는 나의 가치, 욕구, 신념이 침해당했을 때, 위해나 손상으로부터 나를 보호하고 부당함을 바로잡으려는 의지에서 생겨나는 감정이다. 그 외에도 분노는 외로움, 열등감, 수치심 때문에 더욱 커지기도 한다.

먼저 외로움에서 비롯되는 분노를 보자. 다른 사람의 기분을 맞추려고 애쓰거나 비위를 거스르지 않기 위해 노력하다 보면, 자신의 욕구는 늘 뒷전이거나 아예 생각조차 못 하게 된다. 이런 일이 오랫동안 지속되면 마음에서 참담한 외침이 터져 나오고 만다.

"도대체 왜 나는 아무도 신경 써주지 않는 거야?"

"아무도 나를 이해하는 사람이 없다니!"

"나도 진정어린 관심을 받고 싶단 말이야!"

결국 우리는 누군가 함께 있어도 외로움을 느낄 수밖에 없다. 이렇게 오랫동안 의미 있는 대화를 나누지 못하면 어느새 분노가 쌓인다. 친밀감의 욕구와 연결감이 채워지지 않기 때문이다.

열등감이 깊어져도 분노가 인다. 나의 부족함을 확인시키는 것들을 마주하며 자주 위축될 때 분노를 품게 된다. 분노의 대상은 한심한 내가 되기도 하고, 질투나 시기심을 느끼게 하는 누군가가 되기도 하며, 나를 몰라주는 세상이 되기도 한다.

"남들이 날 무시하면 어쩌지?"

"이렇게 쉬운 것도 제대로 해내지 못하면 나를 정말 한심하게 볼 거야."

이런 생각은 결국 스스로 '너는 왜 이렇게 못났냐'고 윽박지르며 성취만을 향해 내달리게 한다. 반대로 '제대로 하지 못할 바에는 그만두어야 한다'며 자기비하의 동굴로 숨어들게 할 수도 있다. 결국 이렇게 자신을 몰아세우거나 자책의 구렁텅이에 빠진 채 반복적으로 좌절을 경험하게 되면 분노가 생겨난다. 나아가 다른 사람들에게 나의 부족함을 들키지 않기 위해 열등감과 분노를 더욱 철저히 숨기고, 억압의 악순환에 빠지기도 한다. 부모의 과잉기대를 받고 자란 사람이나 누군가와 비교당하며 평가절하되었던 경험이 많은 사람이라면, 열등감과 좌절에 더 취약할 뿐 아니라 분노도 더 깊어질 수밖에 없다.

분노는 거절당한 경험과도 연관된다. '아무도 나를 받아주지 않는다'는 생각은 '나는 화낼 만한 충분한 권리가 있다'는 착각을 키운다. 그러면서 자신의 불평불만을 정당화하는 것이다. 특히 거절과 버림받음의 상처가 큰 사람들은 나는 상처받았기 때문에 '요구할 자격이 있다', '받을 자격이 있다', '이제 내 마음대로 해야겠다'고 여기는 경우가 많다. 그래서 상처가 큰 사람이 요구도 많다. 가깝거나 만만한 사람에게 잔소리, 죽는소리, 하소연, 투덜거림 등으로 자신의 요구를 끊임없이 내세운다. 그리고 자신의 요구가 받아들여지지 않으면(상대가 자기 말을 듣지 않거나, 자신을 이해해주지 못하면) 짜증 내고 안달 내며 과민하게 반응하고 한탄하다가 결국 감정이 폭발한다. 이런 식으로 자기연민은 점점 강해진다.

이렇게 거절의 경험과 관련된 억압된 분노가 많은 사람이라면 특히 내가 의존하고 있는 사람에게 주의해야 한다. 상대가 알아서 해주기를 바라거나 또는 엉뚱한 잔소리로 상대를 힘들게 하지 말아야 한다. 이는 상대의 죄책감을 자극해서 기어이 내 뜻대로 하고자 하는 것이기 때문에, 상대는 결국 나를 징글징글하게 보게 될 것이다. 그러면 상대는 나를 더 멀리하게 되고, 결국 나만 손해다. 그러니 나의 의존 욕구를 엉뚱한 잔소리로 표현하거나, 상대의 죄책감을 자극해서라도 통제하는 대신, 내가 지금 원하는 것은 무엇이라고 구체적으로 알려주며 도움을 요청하는 방식으로 표현하는 연습이 필요하다. 물론 거절의 상처가 있다면 무언가를 정식으로 요청하는 일이 힘들 수 있다. 하지만 거절이 두려워서 도움을 청하지 못하면, 점점 고립되고 내면의 분노는 더욱 거세질 수밖에 없다.

감정에서 자유로워지는 건 애초에 불가능하다

어떠한가. 분노가 어떻게 생겨나는지 살펴보니, 우리가 느꼈던 분노는 대부분 정당하지 않았나? 오해하지 말아야 할 것은, 분노를 느끼는 것이 자연스럽고 정당하다는 뜻이지, 분노를 내키는 대로 표현하는 것이 정당하다는 의미가 아니다. 그렇다면 분노를 잘 표현할 수도 있을까? 당연히 그럴 수 있다.

우리는 대개 감정에 휘둘리는 걸 미성숙하다고 생각한다. 여기서도 오해하지 말아야 할 부분이 있다. 어떠한 감정이 생겨나고 그것을 자연스럽고 적절하게 표현하는 일 자체는 감정에 휘둘리는 게 아니다. 오히려 감정을 외면하고 억압한 끝에 폭발적으로 드러내면서 자신과 타인에게 상처 입히는 행동이야말로 감정에 휘둘리는 것이다.

우리는 감정으로부터 자유로워지고 싶다는 얘기를 많이 한다. 그러나 안타깝게도 그건 애초에 불가능한 일이다. 무언가를 생겨나게 하고 사라지게 하는 일은 우리 능력 밖의 일이다. 존재하는 것은 무엇이든 언젠가 자연스럽게 소멸되는 법이다. 감정 또한 그렇다. 우리는 그저 생겨나고 사라지는 것들을 제 흐름에 맡기고, 다만 그 과정을 어떤 태도로 임할 것인지를 선택할 수 있을 뿐이다. 가만두면 사라질 감정을 군이 파묻겠는가, 그저 잠시 지켜볼 것인가.

화를 참으면
괜찮은 사람이 되는 걸까?————————————

    분노를 자주 억압하면, 즉 화가 나려고 할 때 바로 그 감정으로
부터 도망치거나 화가 나지 않은 척을 하는 것이 습관이 되면, 나의
특정한 행동양식으로 굳어져 버린다. 분노를 억압하는 방법들은
다양하다. 혹시 다음의 경우에 내가 해당하지 않는지 살펴보자.

	그렇다	아니다
내 마음에 들지 않는 사람과 며칠씩 말하지 않고 뾰로통해 있다.	○	○
다른 사람들에게 내가 어떻게 보일지 걱정하면서 내 문제나 부정적인 감정을 드러내지 않는다.	○	○
사람들이 싫어하거나 불편해할 만한 이야기를 꺼내지 않는다.	○	○
불편하고 싫은 사람에게 오히려 더 친절하게 대하고 억지로 웃는다.	○	○
감정을 드러낼 필요 없는 주제만으로 애써 대화를 이어나간다.	○	○

이런 습관들은 자신의 기본적인 욕구를 무시하는 태도로 결국 마음과 몸에 병을 부른다.

참는 것도 습관이 된다

"초등학교 졸업식 때 제가 졸업생 대표로 답사를 했거든요. 단상에 올라가니까 조금 떨리더라고요. 그래서 처음에 조금 기어들어가는 목소리로 시작했나 봐요. 하지만 어쨌든 나름대로 잘 마치고 내려왔어요. 그런데 엄마가 날 보자마자 창피하게 왜 그렇게 떠냐고 막 혼을 내는 거예요. 그 말을 듣기 전까지 저는 칭찬받을 기대를 하고 있었어요."

동현 씨의 부모님은 아들에게 거는 기대가 컸고, 아들의 실수와 잘못을 용납하지 않았다. 30대인 동현 씨는 완벽주의 성향이 강한 편이다. 그는 늘 가슴 한쪽이 답답하고 별것도 아닌 일로 불쑥불쑥 짜증이 치밀어오를 때가 많다. 물론 매번 치밀어오른 덩어리를 다시 꾹꾹 눌러두었다. 그저 '일이 잘 안 돼서 불안한가 보다' 하고 더 일에 매진했다. 하지만 지금은 이 증상이 분노를 억압하며 살았기 때문이라는 것을 받아들였다.

　동현 씨는 그때의 엄마에게 내가 뭘 그렇게 잘못했냐고 따져 묻고 싶다며 어린아이처럼 서럽게 흐느꼈다. 전교생의 대표가 된 건데 자랑스러운 대접을 받기는커녕 친구들 앞에서 타박받은 것이 너무 창피했다.

　'어린 동현이'는 엄마에게 저항하지 못했다. 하지만 '어른 동현이'는 이제야 엄마가 자기를 부끄러워한 것이 너무 밉고 화가 난다며 그동안 숨겨놓았던 자신의 감정과 마주하고 있다. 동현 씨는 억울함, 분노, 슬픔, 미움, 수치스러움 같은 다양한 감정을 느끼지만, 지금 가장 강력한 감정은 분노라고 말한다. 충분히 존중받고 칭찬받아 마땅한 상황에서 오히려 자기가치감을 짓밟혔으니 당연히 화가 날 일이다. 동현 씨는 이 사건을 발설하면서 그동안 자신이 분노를 쌓아두고 있었다는 것을 알게 되었다. 눈치 보며 사느라 화가날 일에도 화를 느끼지 못했다는 게 너무 당황스럽고, 지금 생각하니 지난 세월이 억울하다고 한다. 워커홀릭인 그가 불안을 떨치는 일보다 더 시급한 건 화가 난 마음의 불을 끄는 일이었다.

　동현 씨의 경우처럼 어릴 적부터 성취한 결과로만 자신의 가치를 평가받아온 경우, 부정적인 감정을 더더욱 숨겨야만 하는 것으로 여긴다. 분노를 억압하는 것이 습관이 되었다면, 우리는 이미 관계 안에서 감정적인 불신이 매우 커지지는 않았는지 생각해봐야 한다. 사람을 향한 불신이 커 친밀함을 잘 나누지 못하는 사람은 '이런 걸 얘기해봤자 무슨 소용이 있어', '이건 누구도 어쩔 수 없는 일이야'라며 절망감과 무력감에 사로잡혀 있을지 모른다. 이런 태도는 결국 자기소외로 이어진다. 더불어 현재 나의 상황이 특별히 위협적이지도 않고 내게 딱히 공격적으로 대하는 사람이 없는데도 습관적으로 한숨을 쉰다든지, 쉴 새 없이 가슴이 갑갑하다면 혹시 억눌린 화가 뭉쳐 있지는 않은지 살펴봐야 한다.

도덕적 우월감이라는 함정

우리가 화를 억압하는 또 다른 이유 중 하나는 도덕적 우월감 때문이다. 도덕이라는 가치는 남들보다 우월한 위치에 있다는 점을 확인하기에 단순하고 좋은 기준이다. '좋은 사람'이라는 이미지 자체가 도덕적이다. 심지어 우리는 '좋은 인품'이라는 이미지에 갇히기 쉽다. 그러니 화를 낼 만한 일에도 '사람 좋은 척하며' 참고 만다. 이상한 편견이다. 신도 분노하고 성인들도 화를 내는데, 우리가 뭐라고 화내지 않고 살겠다는 건가. 화를 마구 내자는 게 아니다. 애써 좋은 사람인 척하지 말자는 이야기다. 좋은 사람 이미지에 갇히면 영영 타인의 감옥에 감금되고 말 테니 말이다. 특히 다른 사람에게 인정과 존경을 받고자 하는 욕구가 클수록, 우리는 불완전한 인간다움을 받아들이고 표현하기보다 도덕군자 가면을 쓰고 남과 나를 속이며 살게 된다. 스스로에게 질문해보자. 그렇게 한다고 해서 내가 진짜 괜찮은 사람이 되는가? 과연 이런 도덕적 우월감을 가지고 나의 분노를 모른 체하는 게 나에게 무슨 도움이 되는가?

자신이 화가 났다는 것을 부정하면서 분노를 억압하다 보면 치사한 방식으로 상대를 공격하기도 한다. 상대에게 대놓고 불평하지 못하면서 뒤에서 떠들어댄다든지, 괜한 고집을 피우며 맞선다든지, 다른 사람이 나 때문에 불편한 걸 알면서도 버틴다든지, 남들과 같이 하는 일을 나는 게으름을 피우며 방해한다든지. 사실 이런 일은 화를 정직하게 표현하기보다 에너지를 쓸데없이 더 소모하고, 남들을 더 피곤하게 만든다.

.

내 경우에도 마찬가지였다. 어느 순간 '내가 지금 무슨 짓을 하고 있는 거지' 하는 생각이 들었다. 물론 지금도 쉽지 않다. 순간순간 '내가 또 좋은 사람이고 싶어 하는구나' 알아채고, 멈추는 연습을 할 뿐이다. 조금 더 담백하게 살고 싶기 때문이다.

화가 나는 게 왜 잘못인가. 화 좀 내는 게 무슨 죄인가. 적극적으로 분노를 표현하는 건 자신의 욕구에 충실하면서도 타인의 마음을 헤아리는 일이다. 다음의 방법들을 명심하자.

ㅇ나의 입장을 지나치게 강요하지 않기
ㅇ정중하지만 단호하게 말하기
ㅇ나의 느낌을 표현하되 상대를 탓하며 비난하지 않기
ㅇ나의 분노심으로 상대에게 불이익을 주거나 복수하지 않기

이렇게 하면 얼마든지 상대를 배려하면서도 나의 인간적인 욕구에도 충실할 수 있다. 적극적인 것과 공격적인 것은 다르다. 솔직하면서도 공격적이지 않게 표현했는데도 상대와 말이 통하지 않는다거나 오히려 적반하장으로 나온다면, 그냥 두자. 내가 어쩔 수 없

다. 어쩔 수 없는 일을 어찌 해보려고 마음을 쓰는 것은 교만일 수 있다.

결국 터지거나
무너질 거면서 ————————————————

"분통이 터진다."

"억장이 무너진다."

"울화가 치민다."

"울분을 토한다."

　모두 화가 크게 나는 상태를 표현한 말이다. 화가 커지면 이렇듯 터지고, 무너지고, 치밀어오르고, 토하게 된다. 화가 나는 것을 참고 누르고 버티면 더 그렇다. 감정은 에너지인데, 에너지가 고여 있으면 어떤 식으로든 변해서 밖으로 드러나는 게 자연의 이치다. 또한 감정은 유기체와 같아서 그것을 알아주고 이해하고 흐르게 한다면 사라지기도 한다. 착한 사람들이 화를 내지 못하는 이유는 다음과 같다.

　○ 남에게 상처를 주지 않기 위해서

○ 그동안 지켜왔던 좋은 사람이라는 이미지를 관리하기 위해서

○ 연약해 보이지 않기 위해서

○ 다른 사람에게 미움받지 않기 위해서

○ 혼자되는 것이 두려워서

○ 갈등을 일으키는 사람이 되고 싶지 않아서

○ 관계가 깨진 것에 대해 책임지고 싶지 않아서

하지만 자신과 타인을 위하는 것처럼 보이는 '참는 행위'는 결국 자신이나 타인을 더 힘들게 하는 일이 된다. 언젠가 터지거나 무너지기 때문이다.

20대 후반의 취업준비생 민수 씨는 본인이 분노조절장애가 있는 것 같아 걱정스럽다. 그는 지금까지 사람들에게 화를 내본 적이 단 한 번도 없다. 기껏해야 제일 만만한 엄마에게 몇 번 소심하게 짜증을 내본 게 전부이다. 그런데 웬일인지 요즘 들어 자주 이유 모를 화가 북받쳐 오르고, 가까운 친구나 부모님에게 마구 신경질을 부리고 있다. 미쳐가는 게 아닌가 싶어 겁도 난다.

민수 씨는 중학교 때부터 대학을 졸업할 때까지 늘 임원이나

대표를 맡았다. 학급 동료들에게는 좋은 친구였고, 선생님들에게는 좋은 학생이었다. 이런 이미지를 고수하기 위해 민수 씨는 남들에게 자신이 어떻게 보일지 늘 노심초사했다. 타인의 기대에 부응하면서 그들에게 인정받는 것으로 스스로의 존재감을 확인해왔다. 사람들과 원만한 관계를 맺고, 뛰어난 학업 성취도를 이루고, 주변 사람들에게 인정을 받았다. 하지만 이런 것들을 흠 없이 해내기 위해 그는 자신의 기본적인 감정과 욕구를 억압할 수밖에 없었다. 하기 싫은 일도 해야 했고, 게으름을 피우고 싶을 때도 자신을 닦달해서 일으켜 세웠으며, 무리가 되는 일도 힘 있는 사람의 부탁이라면 거절할 수 없어 다 받아들였다. 어렸을 적부터 오랜 시간 이렇게 산다는 것은 자신의 감정과 욕구를 무참히 내던져야만 가능한 일이다. 그러니 화가 쌓이는 건 너무 당연하다.

우리의 분노는 다뤄지기를 원하고 있다

분노는 불안과 두려움이 촉발되어 밖으로 터져나오는 경우가 많다. 민수 씨는 취업이라는 현실의 장벽에 부딪혔다. 무능력이라는 자기비난과, 취업이 계속 안 되면 어쩌나 하는 불안이 커졌다. 이 불안이 지금까지 억압해온 분노를 수면 위로 드러나게 했다. 또한 견고하게 만들어온 자신의 이상적인 이미지를 상실하는 것에 대한 두려움이 자극되어 분노의 형태로 드러난 것이기도 하다.

분노는 다른 무언가로 변하기도 한다. 특히 분노는 공포의 형태로 둔갑하기를 좋아한다. 이는 마음을 유심히 살펴달라는 무의식의 특별한 신호다. 정신분석학자 카렌 호나이Karen Horney는 무의식적인 분노가 표출될 때 천둥, 유령, 강도, 뱀 등에 대해 두려움을 느끼게 되는 경우가 있다고 말한다. 공포를 불러오는 어떤 존재들은 우리 자신 외부에 존재하는 파괴적인 힘을 상징하는 것으로, 내 안에 있는 분노의 파괴적인 힘이 다른 상징물로 전이된 것이라고 볼 수 있다.

나는 30대 초반에 눈이 아주 커다란 괴물이 창밖에서 나를 감시하는 꿈을 꾼 적이 있다. 딱 한 번 꾼 꿈이지만 너무도 강렬해 지금도 그림으로 그릴 수 있을 만큼 선명하게 남아 있다. 꿈속에서 나는 그 괴물을 엄마로 인식했다. 괴물의 형상이나 집 안의 분위기가 몹시 공포스러웠다. 이 꿈은 지나친 통제로 나를 옴짝달싹하지 못하게 한(다고 내가 느낀) 엄마에 대한 분노가 공포로 치환되었음을 보여준다. 사실 더 깊이 들어가면, 꿈속의 괴물은 나 자신을 감시하는 내면의 감시자 인격으로 볼 수도 있다. 스스로 감시하고 감시당하면서 분노가 생긴 것을 엄마의 통제로 투사한 것이라고도 볼 수 있다.

　나는 민수 씨에게 수면 아래 잠자고 있던 본성이 드디어 포효하기 시작한 것이니 축하할 일이라고 말했다. 그리고 분노조절장애니 하는 부정적이고 병리적인 꼬리표를 달아 자신을 문제 있는 사람이라고 인식하지 않기를 당부했다. 그의 분노는 밖으로 꺼내지고 다뤄지기를 원하는 것뿐이다. 본인은 예기치 못한 상황에 당혹감과 두려움이 커질 수 있겠지만 이것은 무서운 일도 아니고 끔찍한 일도 아니다. 치유를 향한 신호탄이 쏘아진 것이기 때문에 오히려 다행이고 기쁜 일이다.

먼저 내 감정을 곧이곧대로 읽어주자

　분노를 느끼는 것을 문제라고 여기지 않으면서 분노를 다루려면 어떻게 해야 할까? 질문에 이미 답이 있다. 바로, 분노를 문제라고 보지 않는 것이다. 그저 내가 화가 난 것을 알아채고, 그 감정을 밀쳐내지 말고 알아주면 된다. 착한 사람들은 대개 타인의 감정에 민감하기 때문에 막상 자신의 감정의 실체나 깊이를 알아채는 일에는 둔감하다. 이럴 때는 몸의 감각을 살피면 도움이 된다. '심장이 빨리 뛰는구나', '얼굴에 열이 오르고 있어', '가슴이 답답해지네', '손바닥이 축축하네', '목구멍이 조여드는 것 같아' 등등. 우리 몸은 마음의 신호등이다. 어떤 감정이 일어나면 몸도 함께 반응하기 때문에 몸의 감각에 집중해보는 것은 감정을 살피는 데 가장 좋은 방법이다.

내가 화가 난 것을 알아챘다면 다음은 '내가 왜 화가 날까. 이것은 나의 기본적인 가치, 욕구, 신념을 위협하는 일인가' 스스로에게 물으면서 마음에 거리를 두고 화를 바라본다. 추상적인 말로 들릴 수 있지만, 화에 휩싸인 자신을 한심하다고 판단하거나 못난 사람이라고 비난하지 말아야 한다는 의미이다. '내가 이러면 안 되지', '이 화를 빨리 다스려야지' 하는 그 어떤 의도도 품을 필요가 없다. 그저 '나는 지금 그 사람이 밉구나', '앙갚음을 하고 싶어 하는구나' 하면서 곧이곧대로 알아차리는 연습을 해보자. 이렇게 나의 감정을 비판 없이 읽어주고 거리를 두고 살펴보는 일은 이 감정이 옳은 것인지 그른 것인지 검열하는 것과도 다르다. 그렇게 검열 없이 살피다가 혹시 누군가 내 말이나 요구를 들어주길 바랐는데 그렇지 않아서 화가 났다는 것을 깨달았다면, 그냥 탁 놓아보자. 어떻게? 그냥 탁! 왜 그래야 할까? 그런 생각들은 비합리적인 욕심이니까. 누구도 나의 욕구를 충족시키고 요구를 들어줘야 할 의무가 없다. 동시에 다른 사람은 내게 동의하지 않을 권리가 있다(물론 반대로 나도 그렇다는 것을 잊지 말자).

아무리 생각해도 나의 분노가 비합리적인 생각이나 내 마음대로 하고 싶은 욕심에서 나온 것이 아니라 정당한 것이라면, 상대에게 정중하고도 진지하게 화가 난다고 솔직하게 표현해보자. 기분이 나쁘다, 속상하다, 서운하다, 화가 난다고 표현하면 뜻밖의 선물을 받을 수도 있다. 의외로 상대가 순순히 사과를 하거나 오히려 상대와 더욱 진솔한 관계를 맺게 되기도 한다.

나 역시 상대에게 서운하다 못해 화가 났던 일을 당사자에게 표현한 적이 있다. 상대는 내 얘기를 들어보니 충분히 오해의 소지가 있는 것 같다며 수긍했다. 그리고 자신에게 도움이 되는 말이라며 고마워했다. 이후 우리 둘은 서로에 대한 신뢰가 더욱 깊어졌다. 만약 그때 내가 상대에게 나의 불편한 마음을 털어놓지 못했다면 나는 아마 혼자 속으로 화를 쌓아두다가, 그를 나와는 잘 맞지 않는 사람이라며 판단해버리고 멀리했을 것 같다. 그러면 결국 좋은 사람을 놓치고, 세상에 대한 불신과 피해의식만 커졌을지도 모른다. 나만 손해다.

민수 씨는 이제 너무 '잘 살려고' 노력하지 않는다. 그가 지금까지 선택한 잘 사는 방식의 중심은 '욕먹지 말아야 한다'는 것이었다. 비난받는 것이 두려워 절절맸던 자신에게, 사실 가장 큰 비난을 쏟아부은 건 남이 아니라 자신이었다는 걸 깨달았다. 그리고 두 번째로 잘 사는 방식이라고 생각했던 건 칭찬받고 인정받는 삶이었다. 하지만 이제는 '할 수 있는 만큼'만 하려고 한다. "가랑이가 찢어지도록 내달려보니 가랑이가 정말 찢어지더라고요"라며 허허 웃는다. 여전히 자신 안에 비판자의 목소리가 들리고 인정받고 싶어 하는 아이가 보채고는 있지만, 그것도 이제는 그리 한심하게만 보이지는 않는다고 한다. 자신에게 관대해진 그는 당연히 가까운 사람들에게 버럭 화를 내면서 엄한 불똥을 튀게 하지 않는다. 그는 자신이 만들어놓은 엄격한 레이스에서 너무 오래 달려 숨이 막혔을 뿐이다. 이제 천천히 걸으며 화난 마음을 알아주니 숨통이 트이게 된 것이다.

나와 엄마는 타인이다 ─────────

"저 효녀 맞죠?"

"맞다. 근데 네 엄마는 그렇게 생각 안 할 거다."

내 사주팔자가 '효녀'로 살 운명이라는 얘기를 들은 적이 있다. 왠지 그 말이 엄마 편들고 사느라 고단했던 내 인생을 알아주는 것 같아 반가웠다. 그런데 엄마는 그렇게 생각하지 않을 거라니! 압력밥솥에 김이 빠지듯 실망감이 솟구쳤다. "아니, 나 정도면 효녀지 뭐" 하면서 입을 삐죽거렸다. 그런데 금세 '그래, 내가 하는 일에 늘 만족하지 못했던 엄마는 그럴 수도 있겠다' 싶은 생각이 들며 조금 서글퍼졌다.

타인의 기준에 맞추다가 '진짜 나'를 잊어버렸다

나는 엄마를 기쁘고 편안하게 해주기 위해 노력했다. 아니, 솔직히 말하면 전전긍긍했다는 표현이 더 맞을 것이다. 그래서 '엄마가 나를 효녀라고 생각하지 않는다'는 말은 곧 '엄마가 나를 인정하지 않는다'로 들릴 수밖에 없었다. 엄마에게 칭찬받은 적이 많지만, 진실로 내가 조건 없이 받아들여지고 인정받는다는 느낌을 받은 적은 없기 때문이다. 예를 들어 성적을 잘 받아왔을 때, 집 안 청소를 깨끗이 해놨을 때, 번거롭고 어려운 일을 해결했을 때 나는 칭찬을 받았다. 칭찬의 내용은 "잘했다", "고맙다", "역시 큰딸밖에 없다" 같은 말들이었다. 모두 엄마를 기쁘게 하는 일을 하고, 엄마가 만족해야 받을 수 있는 조건부 칭찬.

그 칭찬마저 또 다른 이행 조항이 따라붙을 때가 많았다. 좋은 성적을 받았을 때는 "다음에 더 잘해라", 청소를 깨끗이 해놨을 때는 "진즉에 이렇게 하면 얼마나 좋았냐", 어려운 일을 해결했을 때는 "너 없으면 어쩌냐"라는 말이 따라왔다. 더 잘하라는 말을 들으면 엄마를 만족시키기 위해 더 노력해야 한다는 중압감이 밀려왔고, 이미 받은 잘했다는 칭찬이 철회되는 것 같아 실망감이 들었다. 진즉에 이렇게 하면 얼마나 좋았겠냐는 말은 더 자주 착한 일을 하지 못한 것을 책망하는 것처럼 들려 죄책감을 일으켰고, 나는 부족한 사람이라는 생각으로 이어지게 했다. 너 없으면 어떻게 하냐는 말은 '너는 나를 떠나선 안 돼'라는 족쇄로 느껴져 가슴이 답답해지면서 오히려 떠나고 싶은 마음만 커졌다. 칭찬을 들을수록 내 마음은 오히려, 죄책감으로 내달리고 말았던 것이다.

칭찬은 말로만 하는 것이 아니다. 표정과 몸짓으로도 주고받을 수 있다. 대견해하는 미소를 지어 보이거나, 부드럽게 머리를 쓰다듬거나, 엉덩이를 툭툭 쳐주거나, 토닥토닥 등을 두드려주는 등의 비언어적인 신호들이 훨씬 더 큰 힘을 발휘하기도 한다. 마찬가지로 혼을 내고 비난하는 것도 직접적인 말보다 비언어적인 태도가 더 날카롭게 상대방을 찌를 수 있다. 눈을 흘기거나, 의심쩍다는 듯 고개를 갸웃거리거나, 입을 꾹 다물거나, 차갑게 휙 돌아서거나, 거리를 두고 걷거나 하는 작은 태도들 하나하나가 칭찬과 인정을 갈구하는 사람에게는 미움과 거절과 비난의 신호로 읽히며 비수가 꽂힌다. 나도 그랬다. 잘했다는 말 열 번을 듣는 것보다 엄마의 환한 웃음 한 번이 나를 행복하게 했다. 엄마가 뱁새눈을 뜨고 찬찬히 뜯어볼 때는 내가 뭔가 잘못한 것 같아 뜨끔했다. 그러면서 엄마가 보내는 무언의 신호를 읽어내는 능력은 점점 더 출중해져 갔다. 나는 엄마 때문에 웃고, 엄마 때문에 울며, 더 좋은 나, 엄마 마음에 드는 내가 되기 위해 '진짜 나'를 어딘지도 모르는 곳에 가둬놓았다. 그래서 나중에 '내가 유기한 나'를 찾을 때 한참 애를 먹었다.

나는 왜 그렇게 엄마의 칭찬과 인정에 목을 매고 살았을까. 남편에게 사랑받지 못하는 엄마에게 '당신은 혼자가 아니에요'라고 위로하고 싶었다. 고생하며 혼자 아이 둘을 키우는 엄마에게 '우리가 함께 있어요' 하며 힘이 되고 싶었다. 이런 마음은 나뿐만이 아니라 많은 '착한 아이'들이 부모에게 사랑을 구하고 표현하는 방식이다. 부모를 기쁘고 행복하게 해주고 싶은 마음은 어린아이가 부모를 사랑하는 순수한 의도이며, 유일한 방법이고, 무의식적으로 선택하는 생존 전략이다. 그런데 양육자가 나를 조건적으로 대하면 사랑(인정)받지 못한다고 느끼며 불안해진다. 이때 불안을 해소하고 동시에 사랑을 얻을 수 있는 방법은 그 조건을 충족시키는 것밖에 없다. 그래서 상황이 나아지게 하는 역할을 하면 중요한 존재가 될 수 있다는 것을 터득한다. 이렇게 부모가 온전하게 여기지 못하는 것을 채워줘야만 내가 '중요한 존재'가 된다는 역기능적인 신념이 만들어지곤 한다.

그러나 아이는 부모의 결핍이나 부족함을 채워주기 위해 태어난 존재가 아니라는 점을 명심해야 한다. 아이가 성인이 되기 전까지는 상황을 나아지게 하는 역할은 부모의 일이지 자녀가 맡아야 할 일은 아니다. 부모 각자가 자기 자신을 사랑하고 부부관계 안에서 안정감을 느낀다면, 자기 삶에 만족감을 얻고 자신을 온전하게 여길 것이다. 그러면 두 사람은 자기의 완성을 위해 상대방이나 자녀에게 자기를 대신해 행복을 가져다 달라고 요구할 필요가 없어진다. 나는 이 당연한 사실을 어른이 되고 나서도 한참 뒤에야 깨달았다.

남이 아닌 나에게 좋은 사람이 되고 싶다면

가족치료사이자 《가족》의 저자인 존 브래드쇼John Bradshaw는 "부모가 아이를 잘못 다루고 학대하는 일은(아이가 부모의 욕구를 채워주며 어른 노릇을 하게 만드는 정서적인 학대를 포함해) 대부분 부모 자신의 완성의 필요 때문에 생긴다"고 말한다. 자녀를 있는 그대로 받아주지 못하고 자녀의 의존 욕구를 채워주지 못하는 것은 부모

또한 그들의 부모로부터 자신의 필요를 채워본 적이 없기 때문이다. 그래서 자신이 받지 못한 것을 채워 완전해지기 위해 자녀로부터 그 결핍을 보상받길 원한다. 이때 자녀는 부모의 언어적·비언어적 요구의 신호를 기가 막히게 감지해낸다. 그리고 그것을 해결해줌으로써 중요한 존재가 되고, 더불어 부모와 떨어지지 않고 하나가 되려고 노력한다.

그 노력의 결정판은 고유한 나와의 접촉을 차단하고 '착한 자녀'라는 자아상과 나를 동일시하는 일이다. 융 심리학자인 할 스톤 Hal Stone과 시드라 스톤 Sidra Stone 부부는 《다락방 속의 자아들》에서 우리 안의 다양한 자아들에 대해 이야기한다. 이 자아들은 '많은 나', '복수의 인격', '하부 인격', '목소리', '에너지 패턴들'이라고도 불린다. 쉽게 말해 다양한 인격이나 자아라고 이해하면 된다. 나는 다양한 인격들 중 효녀 자아가 발달했고, 누구는 엄격한 부모 자아가, 누구는 응석받이 어린이 자아가, 어떤 사람은 비판자 자아가 힘이 셀 수 있다. 이런 일은 왜 생길까? 인간은 발달과정에서 어떤 행동을 하면 보상받고 어떤 행동을 하면 처벌받는다는 것을 알게 되는데, 이를 통해 특정한 자아들은 힘이 커지고 어떤 자아들은 약화

되기 때문이다. 내 안에 어떤 하부 인격들이 있는지, 현실에서 어떻게 작용하는지 아는 것 자체가 '의식의 진화'이다. 이 의식의 진화를 통해 부적절한 자아상을 지녀왔음을 깨닫는 것이 고유한 자신을 찾는 첫걸음이다.

하지만 이처럼 부적절했던 자아상을 인식하고, 외면했던 에너지를 받아들이는 일은 쉽지 않다. 인간은 낯선 변화보다 익숙한 고통을 선택하는 경향이 있다. 억압했던 인격을 찾게 되면 진짜 내가 누군지 혼란을 겪을 수 있고, 친밀함으로 위장했던 관계의 평정이 깨질 수도 있기 때문이다. 하지만 이 과정을 통과해야만 우리는 '남에게 착한 사람'이 아닌 '나에게 좋은 사람'으로 돌아갈 수 있다.

누구에게나 생의 과업이 있다. 저마다 짊어져야 할 고통이 있고, 완수해야 할 삶의 주제가 있다. 그들의 외로움과 공허를 채우고 자신의 수치를 가리기 위해 나를 사용하도록 내버려 둘 순 없다. 그건 그들의 몫이다. 애초부터 내가 대신해줄 수 없는 일이다. 그걸 대신해주는 건 인생 침해다. 그러니 다른 사람의 욕구와 부족함을 채워주며 존재감을 확인하려는 나의 인정 욕구 또한 타인을 통해 이뤄질 수 없다. 자녀 역시 엄연한 타인이다.

　나는 엄마에게 인정받기 위한 투쟁에 항복하고 엄마와 정서적인 분리를 하기로 결심했다. 나도 모르게 뒤집어썼던 효녀 가면을 벗어버리니, 엄마의 칭찬에 하늘을 날고 엄마의 비난에 땅굴 파고 들어가는 일이 적어지기 시작했다. 다행히도 내 사주팔자에 나온 '효녀'는 인당수에 제 몸 던지는 심청이는 아니었나 보다.

　내가 먼저 나를 알아주고, '그래도 괜찮다'고 좀 봐주며, 나의 능력과 한계를 인정해보자. 나를 존중하고 사랑하는 일은 이렇게 나를 알아주고 봐주는 일부터 시작한다. 그러면 나의 온전함을 다른 사람을 통해 확인할 필요가 없어진다. 사실 그건 별로 재미도 없다. 내 인생 이야기의 주인공은 내가 돼야 재미있지, 평생 남의 뒤에서 연기만 하다 끝나면 재미있겠는가.

죄책감이라는
빨간불이 켜지면 _____

마음공부를 하면서 나는 '착한 딸 자아상'이 나를 가장 고달프게 한다는 것을 알게 됐다. 그런데 착한 딸로 사느라 내가 억압했던 다른 자아는 과연 무엇인지 도통 알 수가 없었다. 내 삶의 주인 자리를 엄마에게 내주었기 때문에 내가 누구인지, 뭘 억압했는지도 이해하기 힘들다는 사실부터 받아들여야 했다. 긴 시간 동안 고민하고 공부하고, 사람들에게 도움을 받으며 나의 착한 딸 자아상의 본색을 찾게 되었다. 바로 '죄책감을 느끼는 딸'이었다. 그 자아의 힘이 너무 세서 자유로운 자아, 이기적인 자아, 게으른 자아, 냉정한 자아, 매몰찬 자아 같은 '착한 것'의 반대편에 있는 자아들이 억압됐다는 것을 깨닫게 되었다.

나의 죄책감은 내 생각과 감정, 행동을 통제하면서 자유분방하고 이기적인 기질들을 억압했다. 나는 엄격한 규칙과 획일적인 질서, 형식적인 의례를 싫어하고, 내 몸에 어떤 제약과 통제가 가해지는 것을 싫어한다. 친구들의 생일을 잘 기억하지 못하고, 어른들에게 인사치레를 잘 못하며, 형식적인 축하 자리나 기념행사에는 잘 가지 않는다. 가족 모임이나 명절 모임도 그렇다. 나는 헐렁헐렁하고 무심하게 지낼 때 편안한 인간형인 것이다.

그런데 '착한 딸'로 살기 위해 애쓰고, '좋은 사람'으로 인정받기 위해 애쓰며 살았다. 그러니 스트레스와 짜증이 쌓이고 공허함이 깊어질 수밖에 없었다. 그럴 때마다 죄책감이라는 놈이 등장해 문제를 해결한다. 죄책감이 가동되면 다시 '착한 사람'으로 돌아갈 수 있다. 하지만 그렇게 '착한 쪽'의 반대편에 있는 기질과 본성을 꾹꾹 눌러 가둬두면 언젠가는 그것들이 머리채를 뒤흔들며 미친년처럼 튀어나온다는 것을 알게 됐다. 그때는 이혼을 지연시키기 위한 별거를 하고 있던 때다. 그렇게 마음이 아플 때, 몸으로 증상이 나타났다. 없던 아토피가 생기고 각종 알레르기에 반응하는 극도로 예민한 몸이 됐다. 마음이 '나 좀 봐달라'고 몸에 주는 신호를 읽게 된 건 천만다행이었다. 이런 신체화 증상 말고도 폭발적인 공격성, 우울, 편집증, 공황장애 같은 마음의 병은 억압된 에너지의 '나 좀 봐달라'는 아주 센 요구들이다.

우리는 죄책감에 너무 취약하다

모든 감정이 그렇듯이 죄책감의 무게감도 사람마다 상황마다 천차만별이다. 사소한 죄책감부터 가슴이 먹먹해지는 죄스러움까지, 우리를 부자연스럽고 무겁게 만든다.

"너무 피곤해서 설거지할 힘도 없었어요. 밥만 먹고 그냥 내 방으로 들어갔어요. 옷을 벗는데 갑자기 내가 뭔가 잘못한 것 같은 거예요. 다시 나가서 설거지를 해야만 했어요."

"동료가 도와달라는 걸 진짜 시간이 없어서 거절했거든요. 그런데 그게 마음에 걸려 잠을 설치기까지 했어요. 다음 날에 동료에게 가서 도와주겠다고 말했어요. 결국 내가 처리해야 할 일을 못하고 말았죠."

"아들이 대학입시에 실패하고 재수를 하고 있는데, 많이 힘들어해요. 무기력하고 우울한 상태죠. 사실 이 일은 아들뿐 아니라 내 인생에서도 제일 힘든 일이 됐어요. 난 뭐든지 하고 싶은 걸 다 이뤘거든요. 그렇게 아들에게 본을 보이고 또 그렇게 가르쳤죠. 내 인생에서 내 뜻대로 되지 않은 유일한 일이 아들이 대학에 가지 못한 거라니… 아들도 저처럼 느끼고 있는 것 같아요. 우린 서로에게 죄책감을 갖게 됐어요."

　"엄마가 제발 나한테 아빠 욕 좀 안 했으면 좋겠어요. 너무 듣기 싫어요. 그런데 그렇게 말하면 안 될 것 같아요. 엄마가 너무 불쌍하니까, 사실 이런 불만을 갖고 있는 것조차 죄책감이 들어요."

　"아이가 다섯 살 때 집을 나왔어요. 더 이상 그 집 사람들과 살 수가 없었거든요. 식구들과 차를 타고 갈 때 이 차가 사고가 나서 다 같이 죽어버렸으면 좋겠다고 생각한 적이 한두 번이 아니에요. 아이와 같이 있었는데도요. 결국 나 혼자 살겠다고 아이를 두고 집을 나왔어요. 그래서 나는 행복해지면 안 될 것 같아요."

　죄책감은 해서는 안 된다고 생각하는 행동에 대해 느끼는 부정적인 감정이다. 어릴 적부터 배우는 기본적인 규범들은 죄다 해야만 하는 것과 해서는 안 되는 것들뿐이다. 우리는 '해도 되고 안 해도 돼'라거나 '안 되면 어쩔 수 없다'라는 말보다는, '~해야만 한다'는 당위적 요구를 들으면서 자란다. 어른을 공경해야 한다, 부모에게 효도해야 한다, 거짓말을 하면 안 된다, 남에게 폐를 끼치면 안 된다, 속내를 너무 드러내면 안 된다 등등. 이런 규범은 상호작용하는 존재들을 공평하게 보지 못하게 하고 수직적인 질서를 강제한다. 실수와 잘못과 문제와 갈등을 용납하지 않는 경직된 사고가 중심에 있다. 사람과 상황에 따라서 변용될 수 있는 융통성, 한계를 인정하는 유연함, 행동에 스스로 책임질 수 있는 자율성이 없다. 그래서 죄책감에 너무도 취약해져버린 것이다.

타인에 대한 종속성과 충성심이 너무 깊으면 죄책감을 느끼기 쉽다. 종속성과 충성심, 이것이 바로 착한 사람들의 자원이자 고통의 근원이 아니던가. 종속성과 충성심 모두 동등한 파트너십 안에서는 생기기 쉽지 않다. 이런 감정 역시 가족관계 안에서 출발했을 가능성이 높다.

《나의 상처는 어디에서 왔을까》를 쓴 심리치료사 산드라 콘라트Sandra Konrad는 "우리는 양육자의 보호와 그에 대한 종속성을 통해서 태어나며, 부모가 나에게 생명 외에는 아무것도 주지 않았어도 충성심은 존재한다"고 말한다. 타인의 보살핌이 절대적으로 필요한 연약한 아이는 양육자에게 종속성을 유지하며, 충성심을 표현하면 칭찬과 사랑을 받게 된다는 것을 자연스럽게 습득한다. 문제는 성인이 되어서까지 나의 존재감과 인정 욕구를 타인을 통해얻으려 한다는 것이다. 더 이상 나는 종속성으로 생존을 담보받아야 하는 어린아이가 아니다. 충성심을 발휘하지 않아도 혼자 살 수 있는 어른이 되었다. 몸과 마음은 나이를 같이 먹어가야 한다. 몸은 성인이 되었으나, 여전히 타인을 향한 과도한 종속성과 충성심으로 관계를 맺는다면 심리적 유아기에 머물러 있는 것과 다름없다. 이런 감정들은 나를 우선시하기보다 그 대상에게만 좋은 일을 하게 만든다. 나에게 좋은 일이어도 상대가 원하지 않는다고 생각하면 죄책감을 느낄 수밖에 없다. 이처럼 죄책감을 떨치는 일은 '나를 사랑한다고 하면서(혹은 내가 사랑하면서) 나를 괴롭히는 사람'과 맞서야 하기에 더욱 어려운 것이다.

죄책감이 든다면 일단 멈추고 상황을 돌아보자

그렇다면 어떻게 죄책감을 떨칠 수 있단 말인가? 옷 갈아입듯이 훌러덩 벗어버리고 싶지만 몸에 밴 충성심, 자동으로 활성화되는 죄책감이 하루아침에 떨어져 나갈 수 있겠는가? 죄책감을 자극하는 내면의 명령을 거부하는 구체적인 방법에 대해서는 마지막 장에서 좀 더 깊게 다룰 것이다. 먼저 이 죄책감을 우리에게 무슨 일이 일어났는지 알게 해주는 신호이자, 어디로 가야 할지 알려주는 지표로 활용할 수 있다는 것부터 이해하자. 죄책감이 들 때마다 마음에 빨간 불이 들어왔다고 생각하고, 일단 멈추는 것이다. 어떤 행동을 하기 전에 '나를 위한 것이 맞나?', '눈치를 보고 있나?', '혼이 날까 무서운가?'라고 질문해보자. 이렇게 종속성과 충성심에서 행하는 건 아닌지 살펴보는 것만으로도 인정을 향해 내달리는 뜀박질을 멈추게 할 수 있다. 가볍게 살기 위한 일이다.

　피곤해 죽겠는데도 설거지 한 번을 미루지 못했던 사람은 자신에게 게으름과 미루기를 용인해주어야 한다. 나는 게으름을 피울 권리가 있다. 거절이 힘든 사람은 거절하는 것이 상대가 요청한 행위에 대한 거절이지, 상대 자체를 거부하는 것이 아니라는 걸 자신이 먼저 믿어줄 필요가 있다. 그러니 죽을 만큼 미안해하지 않아도 된다. 동시에 확대해석도 하지 말아야 한다. 내가 거절한다고 해서 나도 똑같이 상대에게 내쳐질지 모른다는 걱정 따위 필요 없다. 만약 그런 일이 일어난다면, 그는 내 인생에서 빠져도 괜찮은 사람이다. 행위와 존재를 분리해서 생각해야 한다. 엄마의 감정 쓰레기통으로 살던 딸은 아버지에 대한 엄마의 분노를 받아내는 것을 거부하며, 엄마에게 자신의 생각과 감정을 표현해야 한다. 그리고 그렇게 요구한다고 해서 자신이 엄마를 사랑하지 않는 것은 아니라는 걸 스스로가 믿어야 한다. 아니, 엄마를 사랑하지 않아도 괜찮다. 어린아이를 데리고 나오지 못한 채 이혼한 여자도 자신의 행동이 그 당시에는 최선의 선택이었음을 받아들이고 스스로를 용서해야 한다. 그리고 '나는 행복할 자격이 있는 사람'이라는 걸 자신에게 허락해주어야 한다.

죄책감은
관계를 위태롭게 한다 —————————

　　죄책감은 우리에게 너무나 익숙한 감정이다. 어른 말을 잘 듣고 착한 일을 하면 칭찬과 예쁨을 받고, 어른 말을 잘 듣지 않고 거짓말이나 싸움을 하는 등 '말썽을 피우면' 혼이 났다. 양육자는 아이의 잘못된 행동에 대해 죄책감을 자극하며 훈육하지만 아이는 다르게 느낀다. 아이가 느끼는 죄책감은 자기 행동이 잘못돼서라기보다, 부모에게 실망을 안겼거나 속상하게 했다는 데 있다. 이때 부모 마음에 안 들게 행동한 것에 대한 죄책감과 자신에 대한 인정과 애정이 거둬질지도 모른다는 두려움과 불안이 동시에 생겨난다.

죄책감은 삶의 안정을 방해한다

　　죄책감은 내면의 안정과 평화로운 삶을 방해한다. 죄책감에는 건전한 죄책감과 내면화된 죄책감이 있다. 어떤 죄책감이든 고통스럽기는 마찬가지이다. 하지만 내면화된 죄책감은 참 자아로 가는 길을 가로막는 거대한 바윗덩어리 같다. 그래서 우리는 이 내면화된 죄책감에 주목하려 한다. 그것은 착한 사람들의 삶에서 지속적으로 발목을 잡아끌어 계속 착한 사람으로 살게 하는 강력한 에너지원이기 때문이다. 일단 건전한 죄책감과 내면화된 죄책감의 차이점부터 살펴보자.

건전한 죄책감은 상대가 상처받았음을 이해하고 그 고통에 공감하는 마음이 바탕이 되어, 나의 잘못된 행위를 반성하고 용서를 구하는 능력이다. 이런 죄책감은 사랑으로 출발해 용서, 화해, 화합으로 향하는 힘이 된다. 국가의 폭력이나 정부의 부정부패에 연루되었던 사람들의 양심고백이나 내부고발과 같은 용기 있는 일을 이끈 경우가 이것이다. 피해자의 슬픔과 고통을 함께 느끼고, 가해자인 개인 혹은 국가·정부의 잘못을 시인하고 용서를 구하게 만들기도 한다(물론 자신의 잘못이 들킬까 불안하거나 처벌이 두려워서일 수도 있다). 건전한 죄책감은 거창하지 않아도 일상에서도 얼마든지 경험할 수 있다. 실제로 학창시절에 왕따 가해자였던 사람이 잘못을 뉘우치고 괴롭혔던 친구에게 용서를 구한 경우를 본 적이 있다.

내면화된 죄책감 또한 표면적으로는 상대를 향한 공감과 사랑처럼 보일 수 있다: 하지만 실상은 내면의 두려움과 불안이 만들어내는 습관이자 자기방어의 목적을 갖고 있기도 하다. 내면화된 죄책감의 짐을 지고 있는 사람들의 예를 살펴보자.

○ 나이가 많은 자식이 결혼하지 못하고 있는 것을 자기 죄라고 여기는 부모

○ 불행한 삶을 살고 있는 동생에게 자신이 가진 것들과 사람들로부터 인정받고 사는 걸 드러내서는 안 된다고 여기는 언니

○ 직장에서 감당할 수 없는 일을 거절하는 합리적인 상황에도 마음의 짐을 갖는 회사원

○ 친구의 불평불만을 들어주기 싫어한다는 마음을 갖고 있다는 것만으로도 미안함을 느끼는 사람

○ 폭력적인 아버지를 더 이상 견딜 수 없어 집을 나왔지만 자신이 어머니를 버린 것 같아서 고통스러운 자녀

○ 우울과 집착이 심한 애인에게 끝까지 충실하지 못하고 관계를 정리한 것을 자책하는 사람

죄책감 뒤에 숨은 이면

사실 죄책감이라는 감정은 내려놓기가 쉽지 않다. 죄책감 때문에 괴로워하는 사람들에게 죄책감을 느끼지 않아도 된다고 하면 '사람이 어떻게 그럴 수 있냐'고 되묻는 경우가 많다. 죄책감은 이들이 주장하는 것처럼 인간이 인간 되게 하는 감정이기도 하다. 하지만 많은 경우 인간이 자기 자신에게서 이탈되게 하는 감정이기도 하다. 사실 두려움과 불안 같은 자신을 해치는 감정을 피하기 위해, 그래도 조금은 나를 편하게 하는 죄책감으로 뒤집어씌우는 일도 많기 때문이다. 위의 사례를 살피며 뒤집어씌워진 죄책감의 이면을 알아보자. 어디까지나 이럴 수도 있다는 가정이다.

ㅇ 나이가 많은 자식이 결혼하지 못하고 있는 것을 자기 죄라고 여기는 부모

이면 ─ 자신의 불완전함을 자녀에게 투사하면서, 자기 책임을 다하지 못했다고 생각한 것을 남들이 비난할 것 같은 두려움

ㅇ 불행한 삶을 살고 있는 동생에게 자신이 가진 것들과 사람들

로부터 인정받고 사는 걸 드러내서는 안 된다고 여기는 언니

이면 ― 상대를 향해 우월감을 가졌다는 것에 대한 도덕적 자기검열 내지 자기비난, 이를 들키는 것에 대한 두려움과 불안

○ 직장에서 감당할 수 없는 일을 거절하는 합리적인 상황에도 마음의 짐을 갖는 회사원

이면 ― 좋은 평판이 거둬질지 모른다거나 소외당하거나 손해 볼지도 모른다는 두려움과 불안

○ 친구의 불평불만을 들어주기 싫어한다는 마음을 갖고 있다는 것만으로도 미안함을 느끼는 사람

이면 ― 상대를 만족시켜주지 않으면 관계를 유지하거나 사랑받을 수 없을지도 모른다는 불안

○ 폭력적인 아버지를 더 이상 견딜 수 없어 집을 나왔지만 자신이 어머니를 버린 것 같아서 고통스러운 자녀

이면 ― 안전의 욕구가 충족될 수 없었기 때문에 생긴 근본적

인 불안과, 자신은 행복해질 수 없다는 믿음 같은 자기부정에
서 오는 근원적인 두려움

ㅇ 우울과 집착이 심한 애인에게 끝까지 충실하지 못하고 관계
를 정리한 것을 자책하는 사람
이면 ― 자신도 누군가에게 그렇게 버림받을 수 있다는 불안과
사람들에게 '나쁜 사람'이라고 비난받을지도 모른다는 두려움

죄책감은 때로 스스로를 보호한다

두려움과 불안은 나를 보잘것없다고 느끼게 하는 감정이다.
하지만 죄책감은 내가 나쁜 사람이 아니라는 걸 입증할 수 있고, 보
다 공감적인 감정이기 때문에 나를 보호하는 기능을 하기도 한다.
이때의 죄책감은 표면 감정이고 두려움과 불안은 죄책감의 이면
감정이다. 그렇다고 모든 죄책감이 다른 어떤 감정의 이면 감정이
라는 뜻은 아니다. 열 길 물속은 알아도 한 길 사람 속은 모른다. 나
의 진짜 감정이 무엇인지 알기 위해서는 그 열 길 바다에 뛰어들어

직접 탐색해보는 수밖에 없다. 감정을 억압하거나 왜곡하는 일은 진정한 자신에게서 멀어질 뿐 아니라 인간관계에서도 문제를 일으키다는 점을 기억하면서.

내면화된 죄책감을 갖고 있으면 상대와 진정한 친밀감을 느낄 수 없다. 친밀감이란 열린 마음으로 서로의 취약함을 주고받는 것이다. 그런데 죄책감이 내면화되어 있으면 상대의 마음을 헤아리고 그에 맞춰 반응하는 데에만 나의 노력이 너무 많이 소모된다. 이런 관계는 오로지 책임과 의존만이 관계의 버팀목이 될 뿐이다. 죄책감을 느끼지 않으면 책임을 다하지 않는다고 여기면서, 점차 다른 사람과의 관계에서도 서로 주고받는 건전한 관계를 형성하는데 어려움을 겪는다. 결국 외로움이나 공허함에 부딪히게 된다.

내 힘을 되찾으려면 타인을 향한 비합리적인 책임감과 자신을 향한 비현실적인 기대감을 내려놓아야 한다. 살면서 피할 수 없는 것들이 있다. 실수하고 좌절하는 것, 계획이나 목표가 수정되는 것, 상처를 주고받는 것, 만나고 이별하는 것 등이다. 이런 것들을 그저 있는 그대로 허용해보자. 타인을 향한 비합리적인 책임과 자신을 향한 비현실적인 기대감을 내려놓는다면 가능하다.

4 장

_____

타인의 시선 거두기

있는 그대로 사랑하는 건
어떻게 하는 거죠?——————————

우리는 타인에게 온전히 받아들여지기를 원한다. 조건부 칭찬
을 받는 것도 싫다. 좋은 평가를 받기 위해 시험 치듯 살며, 아등바
등하는 게 내 삶에 무슨 의미가 있는지 잘 모르겠다. 그동안 미련
하도록 착해서 고달팠고, 이제는 정말 힘에 부친다. 그리고 외롭다.
그래서 우리는 이렇게 말한다.

"나를 있는 그대로 받아주면 좋겠어."

"있는 모습 그대로 사랑받고 싶어."

"내가 가진 것 말고, 있는 그대로의 나를 좋아해줘."

적절한 방식으로 사랑과 인정을 충분히 받지 못하면 영혼의
허기가 진다. 그래서 고통을 토로하는 사람들은 하나같이 '있는 그
대로의 자신'으로 조건 없는 사랑을 받고 싶다고 말한다. 그런데 그
러려면 다음 질문에 스스로 먼저 답할 수 있어야 한다.

○ 있는 그대로의 나란 무엇인가?

○ 있는 그대로의 나는 어떤 사람인가?

○ 있는 그대로의 나를, 나는 알고 있는가?

○ 있는 그대로의 나를, 나는 사랑하는가?

내가 나를 받아들이면 타인의 시선으로부터 자유로워질 수 있고, 내가 나를 알면 나를 향한 타인의 판단이 타당한지 분별할 수 있다. 내가 나를 사랑하면 타인의 평가로 상처받지 않을 수 있다. 다시 말해, 타인이 내게 주는 그 어떤 감정도 겸허히 받아들일지 흘려보낼지를 선택할 수 있다. 그러면 남들의 기대에 부응하느라 눈치 보고, 나를 혹사하지 않을 수 있다. 이렇게 내가 중심이 되고, 나를 위해 살면 몸과 마음이 고달프지 않다.

타인의 시선을 거두고 그대로의 나를 만나는 것

있는 그대로의 모습이란 도대체 뭘까? 세상에 잘난 사람들은 널려 있고, 그에 비해 나는 턱없이 못나 보이고, 아무리 해도 안 될 것만 같을 때가 있다. 또는 지금의 좋은 평판을 유지하기 위해 쓰고 있는 가면이 행여 지나가는 실바람에라도 벗겨질까 두려워 전전긍긍한다. 그런데 있는 그대로 받아들이라는 말은 때로는 뜬구름처럼 허허롭다.

'있는 그대로'라는 의미는 '타인의 시선이 거둬진 상태'로 정의할 수 있다. 나를 향한 타인의 기대, 혹은 그들이 내게 기대할 것이라고 내가 추측하는 것들, 타인의 욕구와 요구, 암묵적이거나 대놓고 드러내는 명령들을 다 털어버린 후에, 나는 무엇을 해야 하고, 무엇을 할 수 있고, 무엇을 하고 싶은지 생각해보자. 잠시 눈을 감고 떠올려보거나, 종이에 목록을 적어보면 더 좋다. 생각해보았는가? 어떠한가? 할 일이 순식간에 없어진 것 같지 않나? 내가 무엇을 원하는지 잘 모르겠고, 무엇을 해야 할지 막막하지 않은가? 나도 그랬고, 대부분의 사람들이 멍해진다. 타인의 시선을 몽땅 거둬들이니 너무 가벼워지다 못해 붕 뜰 수도 있다. 걱정할 필요 없다. 다시 내 것으로 채워 두 발로 서면 된다.

두 달 정도 한쪽 다리에 깁스를 한 적이 있다. 깁스를 풀고 나니 근육이 빠져 다리가 얇아져 있었다. 걸음을 내딛는데 휘청하며 균형을 잃었다. 그럴 리가 없다는 걸 알면서도 순간, '못 걷는 거 아니야?' 하고 덜컥 겁이 났다. 고작 두 달 못 썼다고 다리가 굳어버렸는데, 수십 년 방치해둔 나의 감정과 욕구를 되찾는 일은 오죽할까. 다리에 근육이 새로 붙는 데 다시 두 달은 걸린 것 같다. 쓰지 않았던 것만큼의 시간이 걸린 셈이다. 타인의 시선을 거두고 굳어버린 습관을 변화시키는 데 역시 꽤 긴 시간이 필요하다. 오랫동안 타인의 시선으로 살았다면 좀 더 긴 시간이 필요할 것이다. 물론 시간을 단축시킬 수 있는 방법이 있다. 바로 나에 대해 공부하고 연구하는 것이다. 나를 찾는 일을 일상에서 실천하다 보면 어느새 남들이 원하는 삶이 아닌 내가 원하는 삶을 살고 있는 나를 발견하게 된다.

우리는 어느 정도 타인의 시선을 염두하며 산다. 다른 사람의 마음에 들고 싶고, 내가 호감 가는 사람으로 비춰지길 바란다. 굳이 다른 사람이 싫어하는 것을 하지 않으려 하고, 상대의 마음을 헤아리려 노력하기도 한다. 양보하거나 때로는 조금 손해를 보더라도 사람들과 마찰 없이 지내길 원한다. 그러면 최소한 남에게 손가락질 받거나 욕을 먹진 않게 될 테고, 잘하면 칭찬과 인정을 받는 '좋은 사람'이 될 수도 있다. 이렇게 자신의 이미지 형성에 어느 정도 타인이 개입되는 것은 지극히 자연스럽고 사회적인 일이다. 문제는 정도의 차이다.

타인의 평가가 자신 스스로를 평가하는 기준이 되어선 안 된다. 타인의 평가를 절대시해서도, 맹신해서도 안 된다. 이렇게 타인의 평가로 자신을 판단하거나 나아가 타인의 평가가 나의 선택과 행동의 동기가 된다면 위험하다. 나를 착취하거나 조종하려는 사람에게 나도 모르게 '나를 당신 입맛에 맞게 쓰세요'라는 복종의 메시지를 전달하게 될 우려가 크다.

타인의 평가가 곧 나 자신인 것은 아니다

혜민 씨는 자신에게 '까다롭고 별난 인간'이라는 꼬리표를 붙였다. 나도 그렇고 수개월 동안 함께 치유프로그램에 참여한 다른 사람들도 모두 혜민 씨의 이 꼬리표에 동의하지 않는다. 그녀는 살갑고 친절하며 공감 능력이 높기 때문이다. 하지만 그녀의 사연을 들어보니 이해가 간다.

"너는 어째 이렇게 까탈스럽고 예민하냐. 너 때문에 못 살겠다."

어려서부터 엄마에게 이런 핀잔을 자주 들었던 것이다.

"얘가 워낙 까탈스러워서 힘들어 죽겠어."

엄마는 친척들이나 친구들에게 이런 푸념도 자주 했다. 이럴 때마다 혜민 씨는 자신을 '나는 엄마를 힘들게 하는 나쁜 아이'라고 생각했다. 그래서인지 지금은 자신의 행동이 혹시 남들 같지 않은 별난 행동은 아닌지 꼭 의심해보는 습관이 생겼다고 한다. 또 지금 하고 있는 게 맞는지, 이대로 계속해도 되는지 '힘 있는 사람'에게 확인하지 않으면 불안하다. 당연히 자신의 생각과 동기, 행동에 자신이 없다. 상대가 귀찮아하거나 싫어하지 않을까 걱정하는 소심하면서도 순종적인 성향이 강해졌다. 어릴 적 각인된 메시지가 자신을 평가하는 기준이 되어, 그것이 사고와 행동, 관계로까지 영향을 끼친 것이다. 혜민 씨는 타인에게 부여받은 (실제 그럴 수도 있고 전혀 아닐 수도 있는) 자신의 특성 일부를 전체인 양 무조건적으로 받아들였다는 것을 알게 되었다. 지금 혜민 씨는 자신의 기준이 중심이 되고, 타인의 의견이나 판단은 참고만 하여 자신이 어떤 사람인지 정의하고 진술하는 연습을 하고 있는 중이다.

나는 어떠한가? 가까운 사람에게서 반복적으로 주입된 부정적인 메시지를 나도 모르게 내 것으로 품고 있진 않나? 내가 잘 보이고 싶은 사람에게 들은 단 한 번의 부정적인 목소리를 내 안에서 도돌이표처럼 계속 재생하고 있지는 않나? 타인에게 받은 꼬리표와 평가서를 마치 답안지처럼 맞추고 있진 않나?

이제 눈치 좀
그만 봅시다 ────────────────

타인의 시선을 중시하는 사람들은 이기적인 사람처럼 보이는 일, 민폐를 끼치는 행동, 책잡힐 일을 각별히 삼간다. 남의 이목과 평가가 나의 행위에 중요한 지침이 되는 것이다. 자신의 주관이나 신념보다 타인의 평가를 절대적인 우위에 두게 되면 필연적으로 눈치 보는 삶으로 진입한다.

눈치란 긍정적으로 보면 상황판단력, 공감능력, 사회성 있는 적절한 행동이 될 수 있다. 관계 안에서 적당한 눈치를 발휘해야 할 필요도 있다. 눈치가 너무 없어도 친밀한 관계를 형성하지 못하거나, 오해나 미움을 사거나, 배척당할 수 있기 때문이다. 당연히 우리가 주제로 삼는 '눈치'의 영역은 적절한 사회성의 범주가 아닌, 감시와 경계 태세로 사는 것 같은 심한 정도를 말한다. 눈치가 지나치면 다음처럼 자연스럽지 못한 행동으로 이어질 수 있다.

○ 남의 신경을 거스르지 않으려 지나치게 조심스러워 한다.

○ 호감을 사기 위해 비겁할 정도로 비위를 맞춘다.

○ 거절하지 못하고 상대의 의견을 무조건 따른다.

○ 부당한 일을 겪어도 더 큰 손해로 이어질지 몰라 저항하지 못한다.

○ 권위자나 중요한 사람에게 끊임없이 확인과 허락을 구한다.

이쯤 되면 상황판단력이나 적절한 행동으로써의 긍정적인 눈치의 의미는 사라진 것이다. 대신 인생의 면역력이 없는 상태, 즉 자존감이 바닥을 친 상황으로 봐야 한다.

우리는 이렇게 눈치에 관한 이중적이고도 모순적인 태도를 갖고 있다. 눈치를 봐도 문제고, 안 봐도 문제다. 눈치 보는 주체가 자신인지 남인지에 따라, 눈치는 짜증 나는 것이 되기도 하고 필요한 것이 되기도 한다. 나는 눈치 보기를 원하지 않으면서, 남이 적당한 눈치를 보지 않으면 얄미울 때도 있다. 내가 눈치 보는 건 자존심이나 자존감의 문제로 연결시키면서, 남이 눈치를 보지 않고 자기 하고 싶은 대로 하거나 자기주장을 끝까지 내세우면 이기적이라며 곁눈질한다. 그러니까 나는 눈치 보지 않길 원하고, 남들은 눈치가 좀 있어야 한다는 거다.

아이들에게 향하는 어른들의 눈치에 관한 질타도 이중적이다. 아이가 눈치가 없으면 "얘는 누굴 닮아 이렇게 눈치가 없어. 너 이러면 사람들이 안 좋아해"라고 눈치 보기를 가르친다. 반대로 아이가 눈치에 밝으면 "얘는 쪼그만 게 벌써부터 눈치만 빤해. 애답지 못하게"라고 하면서 면박을 준다. 양쪽 아이 모두 '눈치력'이 강해진다. 그러니 이렇게 자란 어른 '눈치쟁이'는 각자 인생의 어느 때가 되면, 즉 '눈치 임계점'에 다다르면 더 이상 남 눈치 보는 것이 지긋지긋해질 때가 온다. 내 평생 눈치 보고 살았으니, 이제는 남들도 좀 내 눈치를 봐줬으면 한다. '나도 당하고 살았으니 너도 좀 그래 봐라' 하는 심보가 생겨난다. 눈치는 이렇게 자신의 내부와 어긋나게 하고, 타인에게 순종을 권유(때로는 강요)하게 하는 투명한 칼이 되기도 한다.

타인의 시선으로 산다는 것

눈치를 보며 타인의 시선으로 산다는 것은 부모나 권위자, 세상의 눈이 나의 상전으로 들어앉아 있는 형국이다. 그래서 다른 사람이 나를 어떻게 생각하는지가 중요한 사람들은 대개 순종적이며 관계에 의존적일 수밖에 없다. 나를 감시하는 '보이지 않는 눈'이 상전이 되었으니 말이다. 타인의 부릅뜬 눈이 내 머리 꼭대기에 달려 있어 항상 나를 따라다닌다. 당연히 나의 일거수일투족은 자연스럽지 못하고 경직된다. 그들이 나를 어떻게 평가하는지가 중요하기 때문에 모든 비난, 거절, 친절하지 않은 충고는 마치 뺨을 맞은 것처럼 상처가 된다. 그리고 해당 사건에 대한 거절이나 비판을 자기 존재 전체로 비약해서 해석함으로써 자존감에 타격을 입는다. 결국 실수나 실패를 극도로 두려워하며, 행여 자신이 들키고 싶지 않은 것들이 노출되지 않도록 몸과 마음의 긴장은 더욱 팽팽해진다.

타인의 시선에 민감한 순종적인 사람들은 특히 주위 사람들의 인정과 애정을 유달리 원하는 경향이 있다. 그런데 대개 겉으로는 자신감 있어 보이고, 주어진 일을 꽤 잘 해내며, 둥글둥글 모나지 않은 성격이라 사람들과 적당히 잘 어울리기도 한다. 하지만 모순적이게도 내면의 자아상은 마치 위협적인 상황에 둘러싸여 있는 것처럼 연약하고 무력한 자아상을 갖고 있는 경우가 많다. 그림을 그리게 하면 우리에 갇혀 있는 토끼, 비를 맞고 있는 새끼 고양이, 누군가 안아주기를 원하며 두 팔을 벌리고 있는 꼬마 등으로 표현하기도 한다. 현실에서는 자신이 사람들에게 필요한 존재이기를 원하지만, 내면에서는 반대로 누군가 자신을 따뜻하게 안아주고 보살펴주고 보호해주기를 간절히 바란다. 그 마음 중심에는 친밀감과 애정, 소속의 욕구가 자리 잡고 있다.

하지만 타인의 시선에 민감한 순종적인 사람들의 경우 이러한 욕구가 채워지지 않거나 반복적으로 좌절당하게 되면, 내면에 억압된 분노와 공격성이 커지게 된다. 애정과 인정이 돌아오지 않으면 자신이 내주었던 선량함이 짓밟혔다고 생각하고 무시당했다고 여기면서 굴욕적인 느낌을 갖게 되기 때문이다. 그래서 종종 타인을 배려하고 심지어는 희생을 감수하는 태도와는 대조적으로 마음 밑면에는 나를 몰라준 그들을 벌주고 싶은 마음, 받은 상처만큼 되갚아주고 싶은 복수심, 타인을 통제하고 조종하고 싶은 마음, 뭐든지 내 마음대로 하고 싶은 아이 같은 자기중심성, 어떻게든 이겨 먹고 싶은 마음 등이 움트게 된다. 이런 마음들이 올라올 때 우리는 당황하며, 스스로 위선적인 인간으로 여겨 또다시 죄책감이나 수치심을 느끼기도 한다.

여기서 유의할 점이 있다. 일반적인 마음의 작용을 본인 입장에서 부정적으로 확대하여 너무 심각하게 받아들이면 안 된다. 당신이 잘못됐다는 게 아니다. 우리 마음이 그렇다는 거다. 우리는 지금 자신에 대해 공부를 하고 있는 중이다. 그러면서 타인에게 압도적으로 큰 힘을 부여한 것을 거두려 한다. 그러니 혹시 '내가 이렇게 심각한 상태였다니' 하면서 자괴감에 빠지려는 독자가 있다면, 얼른 다시 올라와야 한다. 어디로? '내가 알고 그랬나? 몰라서 그랬지!'가 허용되는 뻔뻔함의 땅으로.

착해서 고달픈 나를 토닥여주자

모든 행위의 동기에는 자신을 위한 어떤 이점이 있기 마련이다. 타인의 평가에 내 가치감을 저당 잡히고, 눈치를 보며 인정과 사랑을 갈구하고, 그 인정과 사랑을 지키기 위해 순종적으로 사는 것도 마찬가지로 우리에게 어떤 득이 되는 점이 분명 있다.

먼저 타인의 입장을 우선시하고 그에게 맞춰주면 나는 결과에 책임지지 않아도 된다. '그가 원하는 것이었으니까', '당신이 하자고 했으니까', '나는 단지 너를 위한 것뿐이니까' 하면서 책임을 상대에게 전가할 수 있다. 감정도 그렇다. 내 감정의 원인을 상대에게 돌릴 수 있다. 나는 그가 좋아하는 것을 함께하기 위해 나의 시간과 돈을 투자했는데, 그가 시큰둥하다면 아마 나는 실망하거나 화가 날 것이다. 그래서 내가 지금 화가 나고 서운한 이유는 그 사람 때문이라고 책임을 상대에게 물린다. 그러니 내 감정을 상대가 풀어줘야 마땅하다는 생각도 하게 된다. 이런 전개가 혹시 잘 이해되지 않는다면 반대의 경우를 상상해보자. 우리가 누군가와 함께 있어 행복하다고 느낄 때, 나는 그 사람 '때문에' 행복하다고 느끼는 경우가 많지 않은가. 즉, 그 사람이 나를 행복하게 해준다고 생각한다. '그댄 내게 행복을 주는 사람'이라는 노랫말처럼 말이다. 이렇듯 내가 행복한 것도 불행한 것도 다 상대가 나에게 준 것이 되면 내 삶의 책임의 무게를 덜 수 있게 된다.

둘째, 나의 행위와 감정의 책임을 상대에게 돌리면 나는 변하지 않아도 된다. 변화는 설렘을 주기도 하고, 미래를 기대하게 하며, 나를 성장으로 이끄는 동력이 된다. 하지만 특히 우리가 성장이라 일컫는 내면의 변화를 이루려면 수고와 고통, 위험도 감수해야 한다. 내적인 변화를 일으키는 과정 중에는 매우 낯선 나의 그림자를 직면해야 하기 때문에 두려움과 불안이 따라온다. 따라서 변화하지 않아도 된다는 것은 모험하지 않으면서 적당히 안전을 지킬 수 있다는 뜻이다. 대신 성장과 치유는 기대할 수 없지만 말이다.

우리는 지금껏 타인의 시선으로 살며 타인에게 좋은 평가를 받기 위해 노력해왔다. 누군가의 눈 밖에 나지 않도록 눈치도 많이 봤다. 그렇다고 자신을 너무 한심해하거나 딱하게만 보지 말자. 우리는 매 순간 할 수 있는 범위 내에서 최선을 다한 것이다. 오히려 안 써도 되는 엄청난 에너지를 쏟으며 누구보다 열심히 살았다. 일단 이 공을 인정해줘야 한다. 착해서 고달팠던 나를 토닥여주자. 다만 이제는 좀 더 내 마음이 편해지고 자유로워지기를 원한다면 변화의 의지에 큰 숨을 불어넣어 용기를 보태주면 된다. 이제껏 애쓴 그 힘의 방향을 안쪽으로 돌려 자신을 위해 써보자. 내 삶에 들어앉은 타인의 시선이라는 상전을 물리고, 몸과 마음에 잔뜩 들어간 기합을 풀어보자.

타인의 시선에서
자유로워지는 법 ————————————

타인의 시선, 평가, 눈치는 한 세트이다. 세 갈래로 엮인 한 줄기 씩은 동아줄 같다. 사랑받기 위해, 좋은 사람 혹은 능력 있는 사람으로 인정받기 위해 붙잡고 매달렸지만 결국 그 줄은 끊어지고 말 것이다. 왜냐하면 타인의 시선으로 산다는 것은 마치 제 몸에 방울이라도 달린 것처럼 자신도 모르게 온몸의 세포와 신경들이 곤두세워지는 긴장을 필요로 하는데, 어떠한 유기체도 이러한 긴장을 무기한으로 지속할 수는 없기 때문이다. 어떤 에너지도 고정된 상태로 머물러 있을 수는 없다. 결국 긴장의 끝은 무기력이나 분노로 이어진다. 큰 문제와 갈등을 일으키지 않으며, 열심히 산다고 살았는데 느닷없이 삶의 맥이 풀릴 때가 있다. 까닭 모를 무력증이나 우울감, 난데없이 올라오는 짜증과 화 때문에 당혹스러운 적이 있지 않은가? 우울증인가, 갱년기인가, 번아웃 증후군인가? 내 마음을 따뜻하게 보듬어주는 대신 이런저런 진단명으로 스스로를 환자

취급하진 않았는가? 혹시 지금까지 그랬다고 해도 너무 걱정하지 말자. 강렬한 감정으로 드러나는 무의식의 신호는, 더 이상 눈치 보지 말고 힘 빼고 살라며 내면의 자정 기능이 작동한 것이다. 축하할 일이다!

상전을 물리는 일은 하극상이다. 아니, 이건 일종의 혁명에 가깝다. 그러니 얼마나 어렵고 두려운 일인가. 게다가 자신과 주변의 저항은 또 얼마나 거세겠는가. 기존의 질서와 힘의 역학과 관계의 구조를 뒤엎는 일이니 말이다. 하지만 용기를 내자. 애초에 그 상전은 자격이 없는 존재들이다. 누구도 내 인생에서 나보다 위에 설 수는 없다. 자격 없는 존재를 끌어내리는 일은 나에게는 의롭고, 정당하고, 필연적인 일이다. 이제 슬슬 내 자리를 되찾는 방법을 모색해보자.

내 인생에서 진짜 내 자리를 찾는 법

첫째, 인정과 사랑을 '원할 수는' 있지만 '필요로 하는' 것은 경계하자. 돈이든 소망이든 구하고자 할수록 멀어지고, 채우려 할

수록 빠져나간다. 특히 인정과 사랑이 그렇다. 인정받고 싶고, 친밀감과 애정을 주고받고 싶은 마음은 인간의 본질적인 욕구다. 그러니 이러한 욕구를 채우기 위해 노력할 필요도 있다. 무조건 남들에게 인정받고 사랑받고 싶은 마음 자체를 내려놓아야 한다고 생각하면 안 된다. 그러나 '희망하는 것'과 '없으면 안 되는 것'은 다르다. 인정과 사랑 없이는 내 존재감과 가치를 확인할 길이 없다고 여긴다면, 그것을 얻지 못할까 두렵고 괴롭다면, 그것은 이미 희망사항이 아닌 필요사항이 되어버린 것이다. 필요가 채워지지 않으면 깊이 좌절하고 무기력해지며 삶의 의미를 잃어버릴 수도 있다.

　있으면 좋고 없으면 할 수 없다고 생각하자. 타인의 기대에 부응하면서 받은 인정과, 타인이 좋아하는 것을 만족시켜주면서 받은 사랑은 진짜가 아니다. 그 사랑과 인정은 내가 그들을 만족시키지 못할 때 언제든 철회될 게 뻔하다. 우리는 영리하게도 이미 그것을 알고 있다. 그래서 그것을 잃지 않기 위해 좋은 평가에 더 연연하며, 타인의 반응을 더 세심히 살피는 것 아닌가. 다시 생각해보자. 내가 받고 싶은 것이 가짜 인정과 사랑인가? 남의 시선에 휘둘리며 산다면, 그것이 과연 진정한 나의 생존과 이익이겠는가?

　　둘째, 타인의 시선과 반응에 조금 둔감하고 의연해질 필요가
있다. 내가 기대했던 것만큼 나를 인정해주지 않을 때, 인정은커녕
오히려 나를 평가절하 할 때, 내가 이룬 성과나 선의를 알아주지 않
을 때, 나를 환영해주거나 대접해주지 않을 때, 내가 모르는 얘기를
자기들끼리만 나눌 때, 내 말에 동의하지 않거나 고개를 가로저을
때 등, 스스로 위축되는 순간들이 참 많다. 하지만 진실은 이렇다.
누가 나를 보잘것없게 만든 게 아니라는 것, 그렇기 때문에 그 순
간들은 사실 그렇게 위협적이지 않다는 것. 진짜 위험한 건 쪼그라
드는 내 마음에 내가 홀랑 말려 들어 가는 일이다. '소용없어, 이젠
날 싫어할 게 분명해', '부모도 날 몰라주는데 누가 날 알아주겠어',
'내게 상처 주기 위해 작정한 게 분명해' 이런 생각은 내 마음에 들
어앉은 상전에게 굴복하는 것과 같다. 타인은 나와 같은 생각을 할
수도 다른 생각을 할 수도 있다. 그들이 하는 행동이 옳든 그르든
상관없이 그건 그들의 권리이자 자유이며 어디까지나 그들의 판단
이다. 그 판단이 곧 나는 아니다. 마찬가지로 내가 원하는 반응대로
상대가 해줘야 한다고 생각하는 것은 나의 의존심이나 통제욕구,
지배욕구일 수 있다. 내가 그들의 반응에 의연하지 못하면 그들의

통제 하에 들어간다는 사실도 같이 인식하자. 내 인생은 나만이 통제할 수 있다. 다시 말해 상대의 어떤 태도에 호들갑을 떨며 반응할 것인지 의연할 것인지는 전적으로 나의 선택이다.

　셋째, 이기적인 나를 허락하자. 일단 이기적인 건 나쁘다는 선입견을 먼저 짚어봐야 한다. 일반적으로 이기적이라는 말은 남 생각은 안 하고 자신밖에 모르는 행동을 가리킨다. 사실 이런 경우는 이기적이라는 표현보다는 몰인정하다고 하는 게 맞다. '이기'란 자기의 이익을 꾀한다는 뜻이다. 나의 이익을 꾀하는 게 왜 나쁜가? 나만의 이익을 꾀하기 위해 남에게 손해를 입히거나 남을 해치는 게 나쁜 거다. 이건 이기적인 게 아니라 순전히 그냥 나쁜 거다. 고로 말 그대로 이기적인 건 잘못된 게 아니다. 모든 생명체는 이기성이 있다. 그래야 밟히지 않고, 먹히지 않고 살아남을 수 있다. 유기체에게 이기성은 선택이 아닌 필수다. 그러므로 이기적인 나를 허락하는 일은, 원래 있던 것을 그저 있도록 하는 거다. 내가 타인에게 부여한 과도한 힘을 되찾아오는 가장 빠른 길은 이기성을 회복하는 것이다. 이기주의는 나쁘고 이타주의는 좋은 것이라는 흑백사고는 우리를 경직시킨다. 남을 위해 반드시 배려하거나 희생해야 하는 사람은 없다. 그럴 필요도 없다. 경우에 따라 바람직한 선택이 있을 뿐이다. 우리는 너무 이타적으로 살았다. 좀 이기적이어도 괜찮다. 아니, 제대로 이기적이어야 한다.

온전한 나로 서기 위한 혁명의 시기

인간의 발달단계에서 가장 혁명적인 시기는 "안 돼", "싫어", "내 거야"라고 말하기 시작할 때가 아닌가 싶다. 언어가 본격적으로 발달하는 만 두 돌 전후의 이 시기를 '걸음마기'라고 한다. 이때의 유아는 인류 진화의 경이로운 한 장면을 연상케 한다. 바로 직립 보행의 순간이다. 네발로 기다가 두 발로 우뚝 서면서 땅바닥을 향해 있던 시야가 넓어진다. 두 손은 자유로워져 제힘으로 할 수 있는 것도 많아진다. 사람과 사람이 마주 선다는 건, 중요한 장기가 모여 있는 배를 상대에게 드러내는 일이며, 곧 서로의 세계를 신뢰한다는 의미다. 이렇게 두 발로 서서 걷는다는 것은 그야말로 새로운 세계가 열리는 사건이다. 아이들의 걸음마기가 그렇다. 아장아장 걷고 비틀비틀 뛰기 시작하는 혁명적인 신체 활동과 더불어 동시에 심리적인 진화도 이뤄진다. 스스로 결정하고 행동하려는 욕구가 강해지고, 다른 사람의 통제에 저항하면서 거절, 거부하는 행동을 보인다. '자율성'이 발달하는 것이다. 동시에 나와 남을 확실히 구분하면서 '나의 것'이라는 개념도 생긴다. 내 것을 지키기 위해 집어던지거나 드러누우면서 사생결단 투쟁을 감행하기도 한다. 그런데 이렇게 자율성과 독립성이 발달하는 경이롭고 감동적인 시기를 세상과 어른들은 '미운 네 살'이라고 한다. 입을 앙다물며 먹기 싫다고 고집을 피우고, 바쁜 와중에 양말은 꼭 제 손으로 신겠다고 하고, 뒤집어 신은 걸 바로 하려고 하면 또 싫다고 생떼를 부려 속 터지게 한다는 등의 이유였을 것이다. 양육자 입장에서는 작지만 힘센 이 존재가 가히 얄밉고 다루기에 힘이 든다. 하지만 이 존재를 처음 직립보행을 시도한 인류의 모습이라고 생각하면 얼마나 신기하고 대견한가.

　우리가 지금까지 살아온 익숙한 방식의 행동양식을 거두고 온전한 나로 서는 이 치유의 과정을 걸음마라고 가정해보자. "안 돼", "싫어", "내 거야"를 실천하면서 자율성과 독립성을 회복하도록 노력해보자. 좀처럼 그렇게 살아보지 못한 나에겐, 이제 걸음마를 배우는 아이가 누리는 탁 트인 시야와, 스스로 통제하고 결정하는 기쁨을 승낙해주자. 물론 내가 자율성을 획득하고자 하는 과정에는 주변의 방해와 저항이 있을 수 있다. '왜 갑자기 이기적으로 변하냐', '그냥 살던 대로 살아라', '사람이 변하면 죽을 때가 된 거다' 등 나의 성장과 변화를 달가워하지 않는 말들이 들려올 것이다. 그렇다고 해서 이미 걷고 뛰기 시작한 인간이 다시 네발로 기며 살 수 있겠는가. 주변 사람들의 방해나 질투, 불안과 분노도 자연스러운 것이다. 변화는 낯선 것이고, 우리는 낯선 것을 별로 좋아하지 않는다. 두렵기 때문이다. 그러니 내 주변 사람들의 저항을 맞닥뜨릴 땐 '그대가 두려운가 보오' 해두자. 그것 또한 그의 몫이며, 나는 내 갈 길을 가면 된다.

당신이 싫은 소리를
하지 않는 이유 ————————

보람 씨는 요즘 신경질이 나 죽겠다. 대형 음식점에서 카운터를 맡고 있는데, 화장실 청소를 자기만 하고 있기 때문이다. 큰 식당이라 화장실도 넓고 변기도 많은데 그걸 매번 혼자 하려니 짜증이 날 만도 하다. 아르바이트생들과 당번을 정해서 돌아가면서 하면 어떠냐고 물으니, 말해봤자 소용없을 거란다.

"젊은 애들은 그런 거 안 하려고 해요. 아휴, 애들한테 싫은 소리 하는 것도 싫고, 잔소리하면 꼰대 같잖아요. 그냥 참고 내가 하고 말죠. 그런데 점점 화가 나네요."

"그냥 꼰대 하시죠?"

"에이, 싫어요. 싫은 소리 하면 누가 좋아해요."

보람 씨는 과연 동료들에게 화장실 청소 당번 정하기를 제안할 수 있었을까? 안타깝게도 우리가 함께하는 동안에는 그 소식을 전해 듣지 못했다. 보람 씨가 툴툴거리면서도 여전히 화장실 청소를 하고 있을지 궁금하다. 그녀는 왜 부당하다고 느끼면서도 대안을 제시하지 못했을까? 그녀의 대답 안에 이미 드러났듯이 '사람들이 싫어할까 봐' 그랬다. 그녀는 불만을 달고 있을지언정 미움받기 싫다. 나아가 다른 사람의 '피하고 싶은 욕구'를 떠안고, '내가 당신을 위해 이렇게 고생하니까 당신은 나를 좋아해주어야 한다'고 소리 없이 외치고 있는 중이다.

그런데 문제는 마음에서 더 큰 외침이 일어난다는 사실이다. 보람 씨의 경우는 '짜증'으로 드러났다. 그녀의 짜증은 '다른 사람만 신경 쓰지 말고, 남에게 하듯이 나 자신에게도 그렇게 신경을 써달라'는 무의식의 주장이다. 이러한 주장에 귀 기울이지 않는다면 언제가 화가 솟구쳐 '이놈의 직장 더러워서 못 다니겠다'며 퇴사해버릴지도 모른다. 업신여김을 받은 무의식은 나를 계속 그렇게 살도록 내버려두지 않는다. 극단적인 경우 피해의식이 커져 다른 사람을 이기적이라고 비난하며 남 탓을 하거나, 입 한 번 벙긋하지 못하고 회사를 나오는 것으로 항변한 자기를 한심해할지 모른다.

우리는 왜 싫은 소리를 못 할까?

우리는 남에게 싫은 소리를 잘 못 한다. 그러니 남이 나에게 하는 '듣기 싫은 말'은 모두 상처로 받아들이는 경향이 있다. 보람 씨도 싫은 소리를 '하는 게' 싫다기보다, 싫은 소리를 '듣는 게' 싫은 거다. 내가 어른 노릇을 하는 사람들을 무조건 꼰대라고 무시하며 저항하고 있기 때문에 남들도 나를 그렇게 볼 것이라 여기는 것이다. 이 역시 투사 방어기제다. 싫은 소리 좀 한다고 사람들이 무조건 나를 불편하게 여기는 것도 아니다. 그런데 우리는 이런 일을 하늘이 무너지고 땅이 갈라지는 것처럼 두려워할 때가 있다. 내가 만들어놓은 나의 '이미지', 즉 '남에게 보이는 이미지'에 갇혀 있기 때문이다. 나를 이미지 안에 가둬두고, 누군가 내게 하는 불친절한 소리를 담담히 받아들이지 못하고 상처로만 되안으면 나만 손해다.

앞서 말했듯 남을 위한 배려가 필수적인 것은 아니다. 다만 상황에 따라 바람직한 선택이 될 수 있을 뿐이다. 어차피 이 배려와 희생이라는 것도 그 속을 들여다보면 인정과 애정의 욕구에서 나오는 것 아닌가. 의식적이고 바람직한 선택의 결과라기보다, 그러지 않으면 안 될 것 같은 불안을 피하기 위한 행동일 경우가 더 많다. 이렇게 되면 결국 내 몸만 고달파지고 내 마음만 애달파진다.

　　사랑받고 싶은 욕구가 큰 보람 씨는 사회생활을 하면서 호감형 이미지를 고수하려 힘쓰고 있다. 그런데 가정에서도 비슷한 일이 일어나고 있다. 아들에게 올바른 교육을 하기보다 아들에게 사랑받는 것에 더 급급한 것이다. 한 번은 중학생인 아들이 자기를 무시한다며 속이 상한다고 토로한 적이 있다. 아들이 라면을 끓여달라고 해서 해줬더니 "내가 파 넣지 말라 그랬지?"라고 하면서 마치 어른처럼 혼을 내더란다. 너무 기가 막혀서 "너 말버릇이 그게 뭐니?"라고 했더니, "내가 몇 번을 말했는데도 엄마가 못 알아들으니까 그렇지"라고 하더란다(사실 보람 씨는 남의 얘기를 잘 듣지 않는 습성이 있다). 그래서 아들에게 다시 뭐라고 했냐고 물었더니 "어이가 없어서 관뒀어요"라고 한다.

　　"평소에 무례한 태도를 보이는 아이에게 어떻게 하나요? 올바른 태도를 가르쳐주나요?"

　　"아니요. 그렇게 잘 하지 못하는 것 같아요."

　　"왜죠?"

　　"그러면 아이가 나를 싫어할 것 같아요. 아이가 '우리 박 여사,

수고 많았지?' 하고 등을 두드려줄 때가 사랑받는 것 같아 참 좋은데, 혼을 내면 아이가 더 이상 그렇게 해주지 않을 것 같아요."

잘못된 건 잘못되었다고 말해야 한다

문제가 심각하다. 보람 씨가 아들을 적절하게 가르치지 못하는 이유는 그렇게 하면 아들이 자신을 '사랑해주지 않을 것 같기' 때문이다. 자신의 애정욕구를 채우기 위해 아들을 응석받이로 키우고, 결국은 모자지간에 소통이 되지 않는 상황에 이르렀다. 게다가 이 집 아들은 엄마의 심리적인 배우자 노릇을 하고 있는 것처럼 보인다. 부모가 자녀를 건강하게 훈육하지 못하니, 자녀는 부모에게 고마워하거나 미안해할 줄 모른다. 이건 명백히 '부모 탓'이다. "부모는 자식에게 사랑받아야 하는 존재가 아니다. 사랑을 주는 존재는 부모여야 한다." 내 스승의 말씀이다. 나도 마치 엄마의 '남편 역할'을 하는 것 같을 때가 많았다. 그런데 '사랑을 주는 쪽은 부모여야 한다'는 말이, '이제 나는 엄마의 부모나 남편 같은 역할을 하지 않아도 되는구나' 하는 위안으로 이어져 얼마나 큰 힘이 됐는지 모른다. 만약 자녀가 자신의 부모를 대할 때, 자식으로서의 태도가 아닌 부모나 배우자가 할 법한 태도와 정서로 부모를 대한다면 그건 사랑이 아니라 자녀가 벼랑에 있다는 증거다. 자녀에게 내 부모나 배우자에게 받지 못한 사랑을 요구하거나 기대해선 안 된다. 자녀에게 그저 부모로서의 사랑을 주면 자연스럽게 부모로서 받을 수 있는 존중과 존경이라는 이름으로 그 사랑을 돌려받게 될 것이다.

아이를 제대로 키우지 못하면, 언젠가 아이가 '왜 나를 이렇게 키웠느냐'고 원망할지도 모른다. 혹은 자녀가 직접 그렇게 얘기하지 않아도, 나중에서야 사회적 감수성이 떨어지는 자녀를 보며 '내가 자식 농사를 잘못 지었구나' 하고 땅을 치게 될지도 모른다. 어쩌면 죽을 때까지도 깨닫지 못할 수도 있다. 어떤 부모들은 노인이 되고, 그 자녀들이 성인이 되어서도 여전히 둘 다 '어른 아이'로 남아 있기도 하니 말이다.

보람 씨의 경우, 꼰대 같지 않은 쿨한 어른으로 이상화된 자기 이미지를 고수하기 위해서 부당함을 덮어버렸다. 또한 자녀가 애정표현을 거둘까 두려워서 훈육의 의무도 다하지 못했다. 모두 자신에 대한 타인의 평가를 지나치게 중시했기 때문이다. 자신에 대한 스스로의 평가나 신념이 더 중요한데, 그렇지 못하고 타인의 평가나 인정만을 중시하면 타인에게 압도적인 힘을 부여하게 된다. 《카렌 호나이의 정신분석》에서는 그럴 경우 다음과 같은 일이 벌어진다고 했다. "실질적인 기여를 할 수 있을 때에도 자기의 의견을 표현하지 못하며, 창조적인 능력이 있어도 그것을 발휘하지 못한다. 또한 감히 자신을 매력적으로 만들지 못하고, 타인에게 어떤 인상을 남기지도 못하며, 더 나은 직책을 추구하지도 못한다."

할 말을 거침없이 하고 자기주장을 굽히지 않는 사람은 좀 재수 없게 느껴질 때도 있지만, 때로는 멋져 보이고 부러울 때도 있다. 그리고 실생활에서 더 나은 위치를 차지하는 것 같다. 반면에 할 말도 못 하고 세상 짐을 다 끌어안고 사는 것처럼 구는 사람은 그다지 매력 없어 보이며, 자기 능력보다 못한 자리에 머무를 확률이 더 크다. 우리 좀 멋지고, 매력적으로 살아보면 어떨까? 꼰대 같아 보이지 않으려고 싫은 소리를 안 하는 건 멋진 게 아니다. 잘못된 건 잘못됐다고 말하는 게 더 멋지다. 이렇게 할 말을 하면서 '아님 말고' 할 수 있는 게 진짜 어른이다.

5 장

─────────

착함의 이면

조금 나쁜

사람이 되더라도

지나친 헌신엔
희생만이 따른다 ────────────

40대 중반의 영철 씨는 성실하고 책임감 있는 가장이며, 자녀들과 함께하는 시간을 많이 가지려고 노력하는 아버지다. 영철 씨는 뿌듯한 표정으로 아내의 본가인 강원도로 가족여행을 다녀온 얘기를 했다.

"여행은 어떠셨어요?"

"좋았어요. 아내도 좋아하고, 애들도 신나고, 또 오랜만에 애들 데리고 가니까 장인어른과 장모님도 좋아하시고요."

"그랬군요. 가족들 모두 좋았을 것 같네요. 영철 씨는 어땠나요?"

"좋았죠."

"어떤 점이 좋으셨어요?"

"가족들이 좋아하는 게요. 아…, 근데 기분이 좀 이상하네요."

영철 씨는 사진 찍기, 자전거 타기, 여행하기를 좋아하는데 결혼 후에 특히 아이가 생기면서부터는 자기 시간을 가질 생각조차 하지 못했다. 모든 걸 가족과 함께하고, 가족을 위하는 것만이 가치 있다고 여겼다. 그는 자신이 더 열심히 노력해서 승진도 빨리하고 돈을 더 많이 벌고 싶다. 아이들 대학 뒷바라지까지만 마치면 부부가 원하는 전원주택에서 사는 꿈을 꾸고 있다. 그런데 문제는 지금! 바로 지금 그가 그다지 행복하지 않다는 거다.

영철 씨는 별안간 들이닥친 우울감 때문에 상담을 받게 됐다. 그는 능력 있고 인간적인 완벽한 '부양자' 역할을 흠 없이 수행하기 위해 작동시켰던 헌신의 정체성에 균열이 생겼음을 이해했다. 하지만 그는 아직 자신의 욕구를 받아들일 자신이 없다. 그간의 과도한 헌신을 깨닫고, 억압했던 욕구를 마주하며, 약간의 허무함을 느끼는 것만으로도 가족들에게 미안한 마음이 든다. 책임감 없고 이기적인 가장이 된 것 같아서.

버림받을지 모른다는 본능적인 두려움

헌신하며, 자아를 잃어가고, 마침내 우울해지는 사람이 있다. 그는 착한 사람의 그물 안에서 옴짝달싹 못 한다. 그리고 반대편에서 그의 헌신을 받은 다른 가족들, 특히 자녀들은 부모에게 받은 것을 보상해주기 위해 같은 구속의 그물에 들어가야만 한다. 바로 부모처럼 '착한 아이(이런 경우 부모도 사실 아이나 마찬가지다)'가 되어야 하는 것이다. 자녀 입장에서는 생존의 문제다. 아이는 부모의 기대에 부응하지 못하면, 즉 헌신에 보답하지 못하면 버림받을지 모른다는 본능적인 두려움을 느낀다. 그래서 역시 본능적으로 '착한 자녀'의 길을 선택하게 된다. 결국 이 착한 자녀들은 불안, 두려움, 분노 같은 부정적인 감정을 숨기고 부모의 욕구와 소망을 이뤄주기 위한 '소망 충족 대리인'이 된다. 누군가의 소망을 충족시키는 대리인은 자신의 감정을 자유롭게 표현하지 못하고 욕구를 억압하는 희생을 감수해야 한다. 그리고 부모와 똑같이 타인에게 인정받고 사랑받기 위해 타인을 상전으로 앉힌다. 남의 말과 요구에 민감하게 반응하며, 상처받기 쉽고, 손해 보는 느낌이 자주 드는, 수동적이고 의존적인 삶을 살 수 있다.

물론 지나치게 헌신하는 부모의 자식들이 모두 착한 아이가 되는 것은 아니다. 부모의 세상 안에서 자신이 항상 최고였기 때문에 다른 사람들에게 지나치게 요구하고 감사할 줄 모르며, 이해심과 배려심 없는 자기중심적인 사람이 될 수도 있다. 전능감에 도취되어 있는 어린아이의 세계에서 더 이상 성장하지 못했기 때문이다. 그래서 타인을 개별적인 존재로 보지 못하고 자기 자신의 연장이라고 생각한다. 최악의 경우 공격성이 강하고 다른 사람을 지배하고 착취하는 나르시시스트로 자라기도 한다.

이렇게 지나치게 헌신하는 부모의 양쪽 날개에는 의존적인 자녀(강박적인 독립심도 의존이다) 혹은 자기애가 과도한 자녀가 존재한다. 그들 역시 혼자 날 수 없는 망가진 날개를 갖고 부모에게 매달려 있다. 임상심리학자 토니 험프리스Tony Humphreys는《아는 만큼 행복이 커지는 가족의 심리학》에서 헌신하는 부모의 특성을 다음과 같이 썼다. "남을 위해 헌신하는 부모는 대개 소심하고 수동적이며 자기주장을 하지 않고 자아를 돌보지 않으며, 남의 비위를 맞추면서도 소유하려 하며 끊임없이 재확인하고 은밀하게 남을 부추기려 한다." 그리고 이들 부모와 자녀 모두 정서적, 사회적인 문제를 똑같이 겪는다고 말한다. 이 숨 막히는 구속의 메커니즘을 따라갈 텐가?

헌신은 또 다른 희생을 부른다

나의 헌신은 그것에 부응하기 위해 노력하는 타인의 희생을 불러온다. 이 과정을 딱 끊어버리지 않으면, 뫼비우스의 띠처럼 끝없이 연결될 것이다. 타인의 헌신에 보답하기 위해 자신의 욕구와 정서를 희생한 사람은 또 다른 누군가에게(대개 다시 자녀나 배우자) 마찬가지로 보상받길 원하고, 자신이 경험한 비슷한 방식이나 비껴서 저항하는 방식으로 압력을 행사한다. 내 자녀가 자신의 인생을 사는 주체적이고 독립적인 인간이 되길 원한다면 부모가 먼저 자신의 삶을 살아야 한다. 나를 위하는 일과 자녀를 위하는 일 중 어느 것 하나를 선택할 문제가 아니다. 둘 중 하나만을 선택해야 한다는 경직된 사고는 이분법적 논리, 흑백논리로 이어지기 쉽다. 이런 사고는 결국 자신과 타인을 힘들게 만든다. 자신이 좋다고 혹은 옳다고 여기는 것들에 매달리며, 중간에 다른 선택지가 있다는 사실을 깨닫지 못하게 만들기 때문이다. 나를 위하면서 타인을 위할 수도 있다. 나를 먼저 위하면 된다. 이건 상식이다. 유아를 동반한 보호자는 응급 시 자신이 먼저 산소마스크를 착용한 후 아이에게 씌워줘야 한다.

자녀를 돌보는 일이 중요하지 않다는 것이 아니다. 헌신하면서 내가 받지 못했던 것을 자녀에게 보상받겠다는 마음이 숨어 있지 않은지 경계해야 한다는 뜻이다. 내가 못다 이룬 꿈을 대신 이뤄주길 바라는 마음, 아이를 내세워 뽐내고 싶은 마음, 아이의 성공이 자신의 공로로 드러나길 바라는 마음, 내가 부모에게 받지 못했던 것을 내 아이에게 해주면서 열등감과 결핍을 채우려는 마음. 부모의 이런 마음을 아이는 커가면서 귀신같이 다 알게 된다.

혹시 지금까지 그래왔다고 하더라도 괴로워하며 자신을 책망할 필요는 없다. 나는 헌신이라는 자원이 있는 사람이다. 그리고 이제 그 자원을 나를 위해 사용하면 된다. 남에게만 주었던 좋은 것을 나에게 먼저 주는 거다. 그렇게 얻은 힘을 자녀들이 스스로 자아를 발견하도록 돕고 그들의 꿈을 지켜주는 계기로 삼을 수 있다. 통제하고 부추기지 않아도 가능한 일이다. 진정한 돌봄과 보살핌을 충분히 받은 아이는 건강한 자기애가 생기고 자존감이 높은 어른으로 성장한다. 이런 면에서 부모의 역할이 중요하다. 도를 지나쳐 자식이 내 인생의 전부, 내가 사는 이유가 되어서는 안 된다. 자녀는 부모의 소유가 아니라는 걸 명심하자. 자녀는 내 몸을 통해 온 남이다.

　그래도 여전히 자녀가 내 뜻대로 살아주길 원하는 부모가 있다면, 이것 하나는 분명히 해두자. 내가 자녀를 위해 지나치게 헌신하는 만큼 내 아이도 나를 위해 희생되고 있다는 것을. 그래도 괜찮은가? 나중에 후회해봤자 소용없다. 자식들은 이미 상처받을 대로 상처받고 돌아선 후다. 이런 사례는 드라마에서도 숱하게 등장한다. 성인이 될 때까지, 아니 가정을 이룬 후에도 부모가 원하는 대로 살아온 자식이 어떤 계기를 통해 각성한 후 부모를 탓하고 원망한다. 이런 갈등은 잘 봉합되는 경우도 있지만, 의절이라는 극단적인 결과를 낳기도 한다.

착한 행동 뒤에 숨은
진짜 감정 ─────────────────────

지원 씨는 누가 자기를 소개할 때 "이 친구 참 착한 사람이야"라고 하면 기분이 좋았다고 한다. 다른 사람을 위해 양보하거나 도움을 주면 자신이 뭔가 할 수 있다는 것이 기뻤고, 그러면 칭찬도 듣게 되니 일석이조였다. 그러다 얼마 전에 일이 많이 밀려 있는 직장 동료를 도울 일이 있었다. 처음 몇 번은 고맙다고 하던 동료가 나중에는 "내 일은 내가 알아서 할 테니 신경 좀 꺼줘" 하며 화를 냈다. 지원 씨는 날벼락을 맞은 것 같았다. 돕고 싶다는 선량한 의도로 '착한 행동'을 했다. 하지만 다른 사람의 감정과 욕구를 배려하지 못한 과도하고 일방적인 행동으로 오히려 상대를 더 불편하게 했다. 의도하지는 않았지만 이타적인 행동이 다른 사람을 괴롭히는 자기중심적인 행동이 되고 만 것이다. 이 일에 충격을 받은 지원 씨는 자신의 호의가 다른 사람에게는 '싫은 일'이 될 수 있다는 걸 깨닫고, 이젠 착하게 살면 안 되겠다고 생각하게 됐다. 하지만 동료가 자신에게 왜 화를 냈는지는 아직도 잘 모르겠다며 답답해한다. 동료의 입장을 여러 개로 가정해보자.

> **가정1** '이렇게 여러 번 도와줬는데 나도 뭔가 해줘야 하는 거 아냐? 그걸 바라고 있을지도 몰라. 좀 부담스럽다.'
>
> **가정2** '허구한 날 이렇게 남의 도움만 받다니, 난 정말 게으르고 한심해! 창피해서 안 되겠어.'
>
> **가정3** '부장님이 이 모습을 보면 내가 무능력하고 무책임하다고 생각할 거야. 내 일을 도와주는 저 친구에게는 후한 점수를 주겠지? 인사평가가 얼마 남지 않았는데 불안해. 차라리 나 혼자 야근을 하는 게 더 낫겠어.'

지원 씨에게 이런 가설을 이야기해주니 풀이 죽은 목소리로 이렇게 말했다.

"그럴 수 있겠네요. 그 친구는 도움을 받는 게 마냥 편하지 않았을 것 같네요. 전 진짜 착한 게 아니라 단지 다른 사람에게 고맙다는 말을 듣고, 칭찬받고 싶었던 것 같아요."

착하다는 말을 들으면 안심이 되는 사람들

지원 씨가 착하다는 말을 들었을 때 기분이 좋은 이유는 무엇이었을까? 자신이 인격적으로 좋은 성품을 가진 사람이라고 믿게되고, 좋은 평판을 받고 있다고 안심됐기 때문이다. 하지만 이렇게 인품 좋은 사람이라는 평판을 확인하는 것만이 전부가 아닐 수 있다. 동료가 생각할 법한 가정과 함께 지원 씨가 원했을지 모를 심리적 보상의 더 깊은 측면을 들여다보자.

가정1 '이렇게 여러 번 도와줬는데 나도 뭔가 해줘야 하는 거아냐? 그걸 바라고 있을지도 몰라. 좀 부담스럽다.'

지원 씨의 보상 심리 ― 주는 만큼 받고 싶은 게 사람 마음이다. 착한 사람들은 많이 주기 때문에 받고 싶은 마음도 더 크다. 지원 씨가 다른 사람에게 도움을 주면서 보상을 받고 싶어 하는 것도 자연스러운 마음이다. 그것이 인정이 됐든, 언젠가 돌려받고 싶은 기대감이든, 모두 이상한 일이 아니다.

가정2 '허구한 날 이렇게 남의 도움만 받다니, 난 정말 게으르

고 한심해! 창피해서 안 되겠어.'

지원 씨의 보상 심리 — 우리는 다른 사람들을 도우면서 무의식적으로 도덕적·능력적 우월감을 느끼기도 한다. 착한 사람들은 완벽주의적 영웅심리가 강하다. 지원 씨도 동료의 일을 도와주면서 자신의 능력을 확인하고, 자신이 좋은 일을 하고 있다는 도덕적 우월감을 느꼈을지 모른다.

가정 3 '부장님이 이 모습을 보면 내가 무능력하고 무책임하다고 생각할 거야. 내 일을 도와주는 저 친구에게는 후한 점수를 주겠지? 인사평가가 얼마 남지 않았는데 불안해. 차라리 나 혼자 야근을 하는 게 더 낫겠어.'

지원 씨의 보상 심리 — 타인이 나를 관찰할 때(그렇다고 생각만 해도) 나도 모르게 도덕적·이타적 선택에 더 가치를 두기도 한다. 착한 사람들은 자기를 드러내고자 하는 욕망이 억압되어 있을 뿐, 누군가 나를 보고 있다고 생각하면 당연히 무의식적으로 영향받는다. 지원 씨도 '좋은 일'을 하고 있는 나의 행동을 누군가 봐주고 알아주기를 은근히 바랐을지도 모른다.

칭찬과 인정이라는 보상

타인에게 도움을 주면서 얻는 기쁨은 표면적인 감정이고, 그 이면에는 칭찬과 인정을 받고자 하는 보상 욕구가 작동한다. 더 깊은 마음을 들여다보면 잘난 척하고 싶고, 우월함을 드러내고 싶은 나르시시스트의 욕망이 숨어 있을 수 있다. 일반적으로 착한 사람들은 자신의 감정과 욕구보다는 타인의 욕구와 시선에 더 민감하게 반응하기 때문에, 기본적인 욕구인 자기애적 욕망이 억압된 경우가 많다. 잘난 척을 하면 사람들이 비아냥거리거나 싫어할지도 모른다는 불안과 두려움이 있어서다. 대신 의식적이든 무의식적이든, 스스로도 만족감을 느낄 수 있고 사회적으로도 용인되는 이타적인 행위를 하면서 자기를 높이는 행동을 하게 되는 것이다.

우리 마음에 숨겨진 이러한 자기중심성에 대해서 김학진 교수의 《이타주의자의 은밀한 뇌구조》에서는 뇌의 구조와 기능으로 설명한다. 우리가 어떤 선택을 할 때, 복내측 전전두피질과 배내측 전전두피질이라는 부위에서 계산을 돕는다. 복내측 전전두피질은 선택의 이유와 가치를 무의식적이고 직관적으로 계산한다면, 배내측 전전두피질은 이성적이고 분석적인 가치 판단을 하는 곳이다. 책에 등장하는 재미있는 실험을 하나 소개하겠다. 실험 전에 성향에 따라 이기적인 (성향이 강한) 사람과 이타적인 (성향이 강한) 사람으로 분류했다. 그리고 이들이 각각 타인을 위한 선택을 할 때 뇌에서 활성화되는 부위에 차이가 있는지 자기공명영상MRI으로 살폈다. 이 실험의 목적은 이타적인 사람의 '타인을 위한 선택'이 과연 진정 타인을 위한 것인지를 보기 위함이다.

결과는 물론 아니었다. 이기적인 사람의 경우 자신을 위한 선택의 가치를 계산할 때만 복내측 전전두피질이 활성화되었다. 그런데 이타적인 사람은 자신과 타인을 위한 선택의 가치를 계산할 때 모두 동일하게 복내측 전전두피질이 활성화되었다. 복내측 전전두피질은 어떤 곳인가. 보상의 가치를 무의식적이고 직관적으로 계산하는 곳이다. '나도 모르게 저절로 그렇게 된다'는 뜻이다. 그런데 인간은 본래 나를 위할 때만 '나도 모르게 저절로 그렇게 된다'. '남'이 개입하면 이성적이고 분석적으로 계산할 수밖에 없다.

실험의 결론은 다음과 같다. 이타적인 사람이 타인을 위해 하는 행동 역시 자신을 위한 선택만큼 강한 보상(인정, 우월감 등)을 추구하는 행동이라는 것이다.

욕망에 솔직해질 필요가 있다

우리는 어떤 생각이나 행동을 좋고 나쁨이라는 기준으로 구분하려고 한다. 이타적이고 친사회적인 행동은 좋은 것이고, 그 반대는 무조건 나쁜 것이라는 이분법적 사고방식이다. 특히 착한 사람들은 자신만의 규범이 명확하고, 이를 기준으로 행동하는 경우가 많다. 어려움에 처한 사람을 도와주는 일은 좋은 것, 곤란한 사람을 못 본 척 지나가면 나쁜 것, 이런 식으로 말이다. 하지만 어려움에 처한 그 사람이 스스로 문제를 해결하기를 원하며 도움을 바라지 않을 수 있다. 곤란에 처한 사람은 못 본 척하는 걸 더 고마워할 수도 있다. 즉 세상과 사람을 이분법적으로만 구분하면 그 행동을 유발시킨 상황이나 동기를 제대로 보지 못하고, 개인의 특성과 차이를 이해하지 못한다.

앞서 이타적인 사람이 무의식적으로 품고 있던 자기중심성을 뇌과학으로 풀어낸 실험을 소개한 이유는, 어떤 사람의 착한 행위 이면에는 숨은 이기심이 있기 때문에 경계해야 한다는 게 아니다. 오히려 그 반대이다. 이기적인 속내는 자기중심성을 가진 인간의 자연스러운 특성 중 하나일 뿐이라는 것이다. 우리는 불완전하다. 나의 이기성을 알면 조금 편해질 수 있다. 내가 지금 무엇을 하고 있는지, 왜 하고 있는지를 아는 것과 모르는 것은 차이가 있다. 내 마음을 얼마나 깊이 이해하느냐는 우리가 얼마나 성숙할 수 있으며, 나답게 살 수 있는지를 결정한다.

그래서 우리는 욕망에 솔직해질 필요가 있다. 지원 씨는 사람들에게 잘 보이고 싶은 마음, 인정받고 싶은 마음뿐만 아니라, 잘난 척하는 자아가 있다는 사실도 알게 되었다. 이렇게 그저 알기만 하면 된다. 그게 뭐 어떻다는 것인가? 알았으니 '이제 절대 그러지 말아야지' 하는 억지스러운 노력은 오히려 해가 될 뿐이다. 노력도 지나치면 강제가 된다. 이런 생각은 자책과 좌절만 키운다. 나는 '그저 그렇고 그런 사람'이다. 겉마음과 속마음 좀 다르다고 후지고 비겁한 사람은 아니다. 내 속을 뒤집어 모조리 보여주고 살 수도 없고, 그럴 필요도 없다. 다만 나를 잘 이해하지 못했던 나, 자기표현에 서투른 나를 받아주고 인정하는 일은 자신에게 도움이 된다. 좋은 사람이 되기 위해 '내가 아닌 나'로 사는 것보다, 조금 나빠 보이더라도 '나'로 사는 게 더 자유롭고 행복하니까.

내가 널 사랑한 만큼
너도 날 사랑해야 해 _____

20대 초반인 재민 씨는 어렸을 적부터 몸이 많이 아팠다. 그래서 부모님을 고생시킨 것 같아 죄책감이 크다. 학교에 가는 날보다 병실에 있던 날이 더 많았을 정도였다고 하니 부모님의 고생도 짐작이 간다. 다행히도 재민 씨는 완치 판정을 받아 건강하게 생활하고 있고, 호주에 워킹홀리데이를 가고 싶어 한다. 넓은 곳에 가서 마음껏 몸을 쓰며 일하고, 일과 후엔 사람들과 어울리면서 시원한 맥주도 먹어보고 싶다. 그런데 부모님은 너무 많이 걱정하며 가지 않는 게 좋겠다고 하신다.

"아직은 안 된다. 새벽에 열이라도 나면 어쩌려고, 그동안 너를 위해 우리가 어떻게 살았는데."

재민 씨는 자신을 어린아이 취급하며 죄책감을 자극하는 부모님이 짜증 난다. 그러면서도 부모님 말처럼 정말 위급한 상황이 생길까 봐 두렵다. 타인을 향한 지나친 헌신과 사랑에는 숨어 있는 목적이 있기도 하다. 바로 나 없이는 상대가 아무것도 할 수 없도록 만들어 상대방을 내 곁에 묶어두기 위한 의도, '내가 너를 사랑한 만큼 너도 나를 사랑해야 해'라는 의존의 욕구다. 이 목적이 이루어지지 않을 때에는 "널 위해서라면 나는 뭐든지 할 수 있어"라는 말이, "내가 너한테 어떻게 했는데!", "네가 나한테 이러면 안 되지"라는 원망과 비난으로 돌변한다. 이는 죄책감을 자극해서라도 상대를 내 마음대로 조종하고 통제하고 싶은 마음이다. 이러한 통제욕구는 사실 의존욕구와 다르지 않다. 우리가 타인을 지나치게 통제하는 것은 상대에게 그만큼 의존하고 있다는 반증이다. 마찬가지로 내가 타인의 통제에 휘둘리는 것 역시 의존이라고 볼 수 있다. 이러한 통제와 의존은 타인으로부터 사랑과 존재감을 확인하고 싶은, 외롭고 여린 사람들의 고통스러운 몸부림이다.

내 삶을 내주어야 사랑받는다는 신념

토니 험프리스는 지나치게 헌신하는 부모는 자기 자신의 가치를 의심하는 사람이며, 그 밑에서 자라는 아이들도 자신의 가치를 의심하게 된다고 말했다. 아이는 부모에게 자기 삶을 내주어야 사랑받는다는 사실을 무의식적으로 깨닫는다. 그렇게 자라난 아이는 부모가 자신의 삶을 수시로 침범하며 통제하는 상황을 스스로 해명하기 위해 자신이 무능하다고 인식해야 한다. 그 결과 자존감은 사라진 채 그 자리에 자신은 부족하고 결핍된 존재라는 신념이 자리 잡는다.

　이 말은 재민 씨의 가족을 통해서도 그대로 재현된다. 재민 씨의 부모님은 자식을 향한 헌신을 통해서 자신들의 가치를 고양시켰고, 자식을 품 안에서 벗어나지 않도록 해야 자신의 가치를 계속 입증할 수 있게 된다. 이런 태도는 자신의 삶을 제쳐두고 관계에 집착하는 의존적인 마음과 버림받음에 대한 두려움에서 나오기도 한다. 좀 더 구체적으로 말하면 재민 씨의 부모님은 혼자가 되는 것, 고독해지는 것, 힘을 잃는 것, 무의미한 존재가 되는 것을 두려워한다고 볼 수 있다. 자기가치감이 취약한 사람은 소유욕이 강하고 의심과 불신이 많아 부모나 배우자, 연인이나 친구 등 중요한 관계에 매달리고 집착한다. 과보호하고 헌신하는 것이 상대를 위하는 길이라고 믿고 있지만, 실은 자신의 가치를 잃지 않으려는 집착일 수 있다. 재민 씨의 경우에서도 가장 안타까운 점은 재민 씨 스스로가 자기돌봄 능력, 위기대처 능력, 대인관계 능력에 관한 자기신뢰가 부족하다는 것이다. 부모님의 헌신과 과보호로 의존성이 강화됐을 뿐만 아니라 무력감 또한 커져버렸다.

"저는 조롱당할 정도로 헌신했어요. 너무 비참하고 분해요. 하지만 이제는 이런 나를 돕고 싶어요."

다영 씨가 또박또박 뱉어낸 말이었다. 다영 씨는 존경받는 사람이 되고 싶었단다. 그녀가 무의식적으로 택한 방법은 헌신하는 거였다. 왜 존경받길 원했냐고 물었더니, "존경받는 사람은 따돌림을 당하지 않으니까요"라고 말한다. 애처롭고도 깊은 통찰의 고백이 이어졌다.

"하지만 사람들이 나를 존경하지도, 좋아하지도 않는다는 걸 알게 됐어요. 겉으로 잘 대해준 건, 나의 일방적인 헌신에 대한 염치 같은 거였죠. 그 사람들도 나쁜 사람이고 싶지 않았던 거겠죠? 이런 사실들이 보이기 시작하면서 나 자신에 대해 깨닫게 된 사실이 있어요. 바로 내가 나를 나쁘게 보고 있었다는 거예요. 정확히 말하면, 나를 못났다고 생각했어요. 그래서 그걸 감추기 위해서 존경받는 사람이 되고 싶었나 봐요."

건강한 자기애 회복하기

　지나치게 헌신한다는 것은 건강한 자기애가 손상되어 있다고
볼 수 있다. 자기애가 부족하니 다른 대상을 통해서라도 나의 존재
를 확인하고 싶어진다. 다영 씨도 그랬다. 다영 씨는 학벌도 좋고
탄탄한 직업을 갖고 있다. 남들에게 부러움을 살 만한 커리어를 가
지고 있지만 막상 스스로 못나게 여기고 부끄러워했다. 그래서 그
녀는 '취약한 자기'로부터 자신을 지키기 위해 존경받는 사람이 되
려 했다. 물론 이런 과정은 무의식적으로 일어난다. '취약한 자기'
란 하인즈 코헛Heinz Kohut의 말을 빌리면 "사소한 것에 상처를 입고
실패나 비난에 잘 견디지 못하는 것"을 말한다. 그래서 우리는 이
러한 취약함으로부터 스스로를 보호하기 위해 '좋은 사람'이 되는
자기애적인 만족감을 필요로 하는 것이다. 우리 자신과 주변에서
흔히 일어나는 일이다.

　위 재민 씨의 경우처럼 '좋은 부모'가 되어 자녀에게 헌신하면

서 자기애적 만족감을 충족시키려는 부모들이 많다. 부모가 자기 자신에 대해 만족할 수 있는 가장 쉬운 길은 자녀를 제물로 삼는 것이다. 자녀는 나의 통제 아래 있고 나를 떠날 수 없는 존재이기 때문에 부모의 잃어버린 자기애적 만족을 찾아주는 소유물이 되고 만다. 부부나 연인 사이도 마찬가지이다. 헌신을 통해 상대방을 향한 통제의 힘을 성공적으로 발휘하고 결국 자기애적 만족감을 얻게 되는 것이다.

　타인을 위해 순수하게 희생하거나 누군가를 완전하게 통제하는 일은 불가능하다. '사랑'이라는 가면 뒤에 나의 통제욕구와 자기애적 만족감이 도사리고 있을 가능성이 너무 크기 때문이다. 그렇게 내가 사랑이라는 가면을 쓰고 헌신하며 끌어안은 그 사람은 내 품에서 숨이 막힌다. 마침 상대도 의존적인 성격이거나 건강한 자기애가 없다면, 그 역시 착한 사람의 가면을 쓰고, 내가 원하는 것을 해주며 나를 대할 것이다. '마지못해' 사랑한다고 말하면서. 내가 진정 원하는 게 이렇게 사랑하는 '척'인가? 이런 '척'이라도 받고 싶은가? 이러한 가짜 친밀감은 상호 간에 진실한 친밀감이 이미 단절되었다는 사실을 은폐할 뿐이다. 나의 가치와 존재감을 타인을 통해 얻으려는 시도를 멈추자. 타인에게 쏟는 에너지를 내 안으로 향하게 하자. 지나친 의존은 사랑이 아니다. 상대를 무력하게 만들 뿐이다.

참을 인忍 자 셋이면 아프다 ─────────────

"그냥 내가 죽어야만 끝날 것 같아요."

연수 씨는 하루하루 지옥 같은 날을 보내고 있다. 이성적으로
는 남편과 이혼을 하는 게 맞다고 생각하면서도 도무지 그럴 엄두
가 나지 않는다. 이혼 후에도 남편이 자신을 괴롭히고 해코지할 것
만 같기 때문이다. 남편은 알코올 중독과 의처증 증세를 보이고 있
다. 얼마 전에는 폭력과 자해로 경찰에 이끌려 정신병원에 강제 입
원되었다. 남편의 폭력과 피해망상 증세는 점점 심해지고 있는데,
문제는 연수 씨가 남편과 헤어지는 걸 극도로 두려워하고 있다는
거다. 많은 알코올 중독자 가족이 겪는 어려움 중 하나다. 술이 깨
면 다시는 안 그러겠다고 싹싹 비니, 마음 약한 배우자는 '같이 못
살겠다'는 마음을 접고 다시 폭력의 울타리에 주저앉는다. 물리적
인 폭력뿐만 아니라 정서적인 학대 등 극심한 고통을 당하고 있으
면서도, 어떤 이유로든 이렇게 참고 사는 사람들이 있다. 이들 피해

자는 왜 가해자에게 벗어나지 못하는 걸까? 고통받는 사람들은 왜 고통을 주는 사람을 떠나지 못하는 걸까?

폭력과 무지한 순응의 악순환

정신과 의사이자 아동심리학자인 앨리스 밀러Alice Miller는《사랑의 매는 없다》에서 폭력과 무지한 순응이 악순환하는 원인을, 우리가 어린 시절부터 그것을 깨닫지 못하도록 '말 잘 듣는 아이'로 교육받았기 때문이라고 말한다. 아이는 미움받지 않기 위해 즉, 살아남기 위해 복종을 택한다는 것이다. 그리고 이러한 교육의 부작용은 다음과 같은 과정을 거치게 된다고 지적한다.

먼저, 체벌과 폭력을 당연시하는(혹은 저항하지 못하는) 전통적인 교육을 받은 사람은 고통과 굴욕을 부인한다. 50대 초반인 연수 씨의 경우 '여자는 시집가면 그 집안 귀신'이라는 유교 문화의 영향을 받았을 것이고, 거기에 연수 씨 내면의 착한 사람 콤플렉스도 더해졌을 것이다. 어쨌든 고통과 굴욕을 부인하는 사고는 '말 잘 듣는 아이'처럼 생존을 위한 것인데, 이처럼 건강하지 못한 생존 투쟁은 다시 감정적으로 둔감한 사람이 되도록 만든다. 둔감해진 감성은 당장 눈앞에 닥친 위험과 두려움을 피하기 위해 뇌 속에 장벽을 설치해 올바른 사고를 차단한다. 합리적인 사고가 막혀버린 사람들은 새로운 정보를 취하거나 시대에 뒤떨어진 생각을 버리는 것이 힘들다. 그와 반대로 육체는 자기가 겪은 굴욕을 기억한다. 이 기억은 무의식적으로 다음 세대에 전가된다. 보기 싫은 부모의 행동을 고스란히 내가 그대로 할 때가 있지 않은가. 부모에게 보고 배운 각인된 습성들을 나도 모르게 자녀에게 고스란히 보여주게 될 가능성이 높다. 그래서 폭력이란 생겨난 그 자리에서 단칼에 고리를 끊지 않으면 대물림되고 만다.

합리적인 사고가 폐쇄되면 과거를 되풀이한다. 과거를 되풀이하지 않기 위해서는 오로지 더 이상 폭력과 학대를 견디지만은 않겠다는 굳은 결단을 해야 하는데, 폐쇄적인 사고로는 이러한 결단을 내리기가 어렵다. 하지만 그 외에는 폭력의 대물림을 끊을 길이 없다. 행여 상대의 개과천선을 기대하는 일은 결코 도움이 되지 않는다. 더군다나 자신의 감정과 고통을 무시한 채 무조건 참고만 산다면 다음 세대에 악덕을 전수하는 결과를 낳을 수 있다. 특히 배우자의 폭력에 자녀가 노출되어 있는 경우 부모 없는 아이를 만들지 않겠다는 생각으로 아이를 화염 속에 둘 것이 아니라, 조금이라도 건강한 부모 한쪽이 아이를 데리고 독립하는 것이 최선이다.

　가학적인 사람은 분노에 차 있고, 폭력에 노출된 사람은 두려움에 떤다. 그래서 피해자뿐만 아니라 가학적인 사람도 인간적으로 딱하기는 마찬가지이다. 앨리스는 가학적인 사람은 타인을 비참하게 만듦으로써 자신의 비참함을 달랜다고 말한다. 타인을 아프게 하면서 자기 자신을 향한 혐오감을 누그러뜨리고, 폭력과 공포로 타인을 조종하면서 우월감마저 느낀다는 것이다. 그러니 폭력의 피해자는 가해자를 두려워만 할 것이 아니라, 그가 약자를 학대하고 착취하면서 자신의 무력감과 비참함을 완화시키고 있다는 사실을 알 필요가 있다. 자신을 떠나면 어디에 숨든 쫓아가서 가만두지 않겠다는 협박은 그의 내부에서 들끓고 있는 분노와 적개심, 열등감과 수치심, 맹목적인 승리감에 도취되고자 하는 힘없고 나약한 사람의 울부짖음이라고 이해해야 한다. 사나운 짐승의 포효가 아니라는 뜻이다. 가해자를 미친 호랑이라고 생각하면서 무턱대고 두려워만 하지 말자. 가해자에게 부여한 압도적인 힘을 거두

고, 그 힘을 내가 받은 상처를 치유하는 데 쓰자. 지금 내가 빠진 깊
은 절망과 고통에서 벗어나는 것이 우선이다. 진실을 마주하는 일
은 어렵다. 하지만 당신은 그 힘든 세월을 견디고 버텨온 엄청난 힘
이 있지 않은가. 이것이 진실이다.

나를 지켜낼 유일한 힘은 나에게 있다

나에게 힘이 있다고? 생각해본 적 없었을지 모르고, 여전히 부
인하고 싶을지도 모르지만 분명 당신은 힘을 가지고, 자신을 사랑
하기도 했다. 차라리 죽어버리는 게 낫겠다 싶을 정도의 끔찍한 현
실을 딛고 당신이 오늘 살아 있다는 것이 그 증거다. 스스로를 결코
놓지 않았던 자신에 대한 사랑이자 힘이다. 이제 조금만 더 용기 내
어 더 끌어 쓰지 못한 사랑의 힘을 마저 되찾아보자. 사랑의 힘은
나를 휘두르는 존재에 복종하거나 부조리한 환경에 순응하지 않게
하는 유일한 힘이다. 사랑의 힘은 내 삶을 지키고 나의 감정과 욕
구, 소망과 희망에 충실하도록 이끈다. 사랑의 힘은 자신으로부터
나오며, 고통을 정면으로 마주하는 데에서 온다. 지금 내가 겪고 있

는 고통을 바라보고 내가 지금 얼마나 아픈지, 얼마나 고통스러운지를 온 마음으로 뜨겁게 인정하자. 그리고 한없는 연민의 마음으로 나 자신을 힘껏 안아주자.

사랑은 곧 고통의 감수성이다. 그래서 사랑의 힘은 고통의 힘과 비례할 수 있다. '내가 용서해주면 저 인간이 정신을 차리겠지. 그러면 나아지겠지' 하며 치유의 주체를 남의 손에 넘기면 안 된다. 어떻게 해야 할지 모르겠어서 지금 겪고 있는 고통을 대수롭지 않은 일로 여겨서도 안 된다. 사랑은 고통을 외면하는 것이 아니라 고통을 극진히 끌어안는 일이다. 내 삶을 사는 일에 변명하지 않으며, 도망가거나 위장하지 않으면서 지금 그대로의 현실을 바로 보아야 사랑의 힘을 되찾아올 수 있다. 어쩔 수 없다는 무력함과 내가 저항하면 더 나빠질 거라는 근거 없는 두려움은 내 마음이 만들어낸 방어책일 뿐이다.

무섭다고 눈을 질끈 감고 걸으면 매번 빠지는 구덩이에 다시 빠지게 된다. 두 눈을 부릅뜨고 내가 어디 서 있는지 살펴야 한다. 그러면 주변에 우리를 도와줄 수 있는 사람들이 있다는 것도 보일 것이다. 분명히 있다. 도움을 청하기만 하면 된다. 자신으로부터 나온 사랑의 힘을 쓰기만 하면, 타인이 주는 사랑의 힘도 받을 수 있다. 그러면 세상은 내가 생각하는 것처럼 그렇게 냉혹한 곳이 아니라는 걸 알게 된다. 사람과 세상에 대한 신뢰를 회복할 수 있다. 우리는 절대로 혼자가 아니다.

6 장

피해의식이라는 틀

상처받는 게
두려운 당신에게

피해의식,
살아남기 위한 간절한 방어 ─────────

"나는 양보, 배려, 희생, 헌신, 이런 것들을 잘 한다. 이 단어들 안에는 모두 '내 것을 준다'는 의미가 포함되어 있다. 그것이 물질이든 시간이든 마음이든 영혼이든, 하여튼 무언가를 남에게 준다. 때로는 달라고 하기 전에 주기도 하고, 때로는 빼앗긴다고 느끼기도 한다. 그러니 내 것은 늘 간당간당하다. 이 간당간당함을 채우고 싶다. 그런데 내 것을 가져간 사람들은 도통 내게 돌려줄 기미를 보이지 않는다. 그러면 '세상에 믿을 놈 하나 없구나', '세상천지 나 혼자다' 싶은 마음이 안 들 수가 없다. 죽도록 외롭지만 믿을 이가 없기에 어디 가서 넋두리 한 번 못 한다. 나의 인간관계는 피상적이다. 역시 세상천지 나 혼자라는 믿음은 사실이다. 나는 세상과 사람을 믿지 않는 편이다. 내게 하는 칭찬도 믿을 수가 없다. 분명그냥 하는 빈말이거나, 무슨 꿍꿍이가 있을 게 뻔하다. 일단 의심하고 경계를 늦추면 안 된다. 정신 똑바로 차리지 않으면 앉은 자리에서 당하고 만다. 그러니 내 속내를 함부로 보여선 안 된다. 특히 사람들이 나를 무시하지 못하도록 책잡힐 일은 절대 해선 안 된다. 누가 나를 무시하거나 얕잡아 보는 것 같은 눈길만 보여도 화가 치밀고 밤에 잠이 안 온다. 보란 듯이 그 인간 코를 납작하게 해주거나 어떻게든 복수를 해야 직성이 풀릴 것 같다. 하지만 막상 그런 적은 없다. 나는 사람들에게서 점점 멀어진다. 죽을 만큼 외롭다. 일이나 해야겠다. 일은 완벽하게 해야 한다. 일뿐이겠는가, 뭐든 대충대충할 바엔 차라리 때려치우는 게 낫다. 그런데도 세상은 나를 알아주지 않는다. 세상은 역시 공평하지 않다. 죽을 둥 살 둥 해도 돈 없고 백 없으면 소용없다. 피곤해 죽을 것만 같다. 그래도 나는 제 시간에 일어난다."

심각한 피해의식에 빠져 사는 지민 씨의 자기고백이다. 우리는 어린 시절 양육자나 주변의 가까운 사람들로부터 세상을 배운다. 처음부터 세상이 나를 보호하고 지원해주는 따뜻한 곳이라고 배우면, 주변의 상황에 따라 쉽게 흔들리지 않는 내적 안정감을 가질 수 있다. 반면에 세상은 나를 벌주고 위협하는 차가운 곳이라고 체득하면 피해의식이 생긴다. 피해의식은 대개 큰 상처나 상심한 경험이 있는 사람들이 갖고 있지만, 그런 상황이라고 해서 모두 피해의식이 생기는 건 아니다. 피해의식이 생기는 데 핵심적인 감정은 무력감이다. 자신을 무력하게 볼 때, 혹은 타인을 무력하게 볼 때 모두 피해의식이 생길 수 있다. 그런데 과연 나는 정말 힘이 없는 사람일까? 여전히 스스로를 어릴 적 무력했던 그 아이 취급을 하고 있는 건 아닐까?

피해의식에 사로잡힌 사람들

치유프로그램을 종료하면서 참여자들에게 내가 쓰고 있는 책에 당신들의 사례가 들어갈 수 있다고 양해를 구했다. 당연히 가명으로 나갈 거고, 각색도 할 것이라고 했다. 그런데 그중 평상시에 제일 말수가 적었던 참여자가 내 말이 떨어지기가 무섭게 손사래를 치며 강력하게 거부의사를 밝혔다.

"저는 안 됩니다. 제 얘기는 절대로 쓰지 마세요. 무조건 안 됩니다."

나는 '뭐 이렇게까지 예민하게 반응하나' 싶어 당혹스러웠고, 나를 믿지 못하는 것 같아 서운하기도 했다. 그 자리에서 "알겠어요. 안 쓰겠습니다. 걱정하지 마세요" 하고 일단락 지었다. 사실 그는 자기 이야기를 거의 하지 않았기 때문에 내가 사례로 삼을 거리도 별로 없었다. 그런데 며칠 동안 계속 이 장면이 떠오르면서 그의 마음이 살펴지기 시작했다. '얼마나 불안했으면, 사람에 대한 불신이 얼마나 크면, 도대체 무슨 일을 겪었기에…'. 그때서야 그의 마음을 헤아려주지 못한 것 같아 미안한 마음이 들었다. 그가 내게 거부의사를 밝히면서 지나가는 말로 "저는 폐쇄적인 집단에 있기 때문에 제 얘기가 나가면 사람들이 모두 전 줄 알 거예요"라고 말한 것이 생각났다. 피해의식이 전적으로 드러나는 장면이다. 너무 안타깝고 미안한 마음에 혼자 중얼거렸다. 다음은 내 혼잣말에 그분의 행동과 심리를 연결 지어 살펴본 것이다.

'자기 얘기를 주변 사람들이 다 알 거라니!'
─아무진 착각, 심하게 말하면 피해망상
'아니, 자기가 뭐 털어놓은 게 있어야 말이지.'

　　─ 실제 자기 행동을 객관적으로 비추어 판단하지 못함

'누가 뭘 어떻게 안다는 거지?'

　　─ 근거 없는 착각

'자기 같은 경우가 자기밖에 없단 말인가?'

　　─ 나는 '그런 일'을 당해서는 안 된다고 생각하는 자기중심적 당위

'세상 사람이 모두 자기만 보고 있나?'

　　─ 자신이 타인의 시선에 민감하기 때문에 다른 사람들도 나를 주시할 거라는 투사 방어기제

　　그는 자기 삶을 누가 CCTV로 감시라도 한다고 생각하는 것 같다. 누가 감시할지도 모른다는 생각을 실제로 하거나, 혹은 감시 당하는 것처럼 구는 것은, 실은 내가 남들 눈치를 보고 살피기 때문이다. 심리학 용어로 '투사'라고 한다. 이런 피해의식은 누군가 자기를 해칠지 모른다고 상상하며 지레 겁을 먹게 한다. 피해의식에 사로잡혀 있는 착한 사람들은 주변에서 흔히 볼 수 있다.

살아남기 위해서

"화가 나고 억울한 상황에서도 끝까지 참고, 결국 집에 와서 혼자 자책하거나 폭발할 때가 많아요."

"내가 해준 만큼 상대가 나에게 하지 않을 때 혼자 상처받아요."

"'네가 나한테 상처를 줬듯이, 너도 네가 사랑하는 사람한테 상처받게 될 거야'라고 속으로 저주했어요."

피해의식이 생기면 사람의 입김과 체온, 세상의 제안과 도전을 그저 공격으로 받아들인다. 사람들이 가만히 있는 나를 힘들게 하거나 괴롭힌다고 생각하기 때문에, 내 인생에서 일어난 부정적인 일에 대한 책임을 상황과 남에게 전가하기가 쉬워진다.

"너 때문이야."

"부모만 제대로 만났어도."

"더 좋은 대학만 갔더라면."

"내가 좀 더 예뻤더라면."

그러니 살아남으려면 방어할 수밖에 없다. 그래서 피해의식이 강한 사람은 의심, 불신, 경계, 방어, 욕심, 집착, 강박의 갑옷을 두르고 있다. 때로는 완벽주의로 자신의 열등감과 수치심을 포장하며,

부정적인 세계관을 키우기도 한다. 감정표현에 서툴고, 대개는 감정이라는 것 자체를 등한시한다. 자존심이 상하는 건 죽기보다 싫다. 의사표현은 세련되지 못하고 공격적이거나 반대로 방어적이다.

　실수도 좀 하고 어딘가 허술해 보이는 사람이 더 편하고 매력적으로 보인다. 실없는 소리 하지 않겠다고 입 꾹 다물고 있거나, 실수하지 않겠다고 온몸에 힘 빡 들어간 사람은 왠지 모르게 불편하고 어렵다. 우리는 모두 불완전하다. 그러니까 나처럼 불완전한 사람이 편하고 좋다. 그런데 피해의식이 강한 사람은 자신의 허점, 흠결, 불완전함을 받아들이기 힘들어한다. 그리고 내가 그렇게 된 건 내 탓이 아니라 모진 세상과 못 돼 먹은 사람들 탓일 경우가 많다. 사태를 정확히 있는 그대로 보자. 대부분 내 탓일 경우가 많을 것이고(내가 사람들을 경계하니 사람들은 나를 어렵고 불편하게 대한다), 때로는 내 탓도 남의 탓도 아닐 수 있다. 누구 탓인지가 중요한 게 아니라, 내가 세상을 어떻게 바라보느냐의 문제이다. 세상이 왜 이따위냐고 소리쳐봤자 답 없다. 이따위 세상에서 '어떻게' 살지를 선택해야 한다.

그때의 내가 할 수 있는 최선이었다 ─────────────

명우 "그때 네가 그러지만 않았어도 난, 그리고 혜란인 전혀 다른 인생을 살고 있을지도 몰라."

은주 "그래서? 네 불행이 나 때문이라는 거야? 나 때문이라고?"

명우 "아니, 물론 누구 탓도 아니야. 우린 그냥 각자의 인생을 살아갈 뿐이니까. 그러니까 은주야, 이제 너도 가서 네 인생 살아. 다 잊고 (혜란이) 그만 미워하고."

재미있게 본 드라마 〈미스티〉의 한 장면이다. 은주는 학창시절 친구인 혜란이를 시기한다. 그래서 '잘난' 혜란이를 아프게 하기 위해 "너 때문이야"를 외치며 공격한다. 위 장면이 의미가 있는 건, 은주가 달고 살던 "너 때문이야"라는 말의 쓰라림을 명우를 통해 스스로가 돌려받게 된다는 점이다. 은주는 자신이 남 탓을 하는 건 응당하지만, 누군가 자신을 탓하는 것 같으면 참을 수가 없다. 반면에 명우는 혜란과의 사이에서 은주보다 훨씬 더 큰 고통을 받았지만 피해자를 자처하지 않는다. 그래서 그는 "아니, 누구 탓도 아니야"라고 말할 수 있다. 은주는 혜란에 대한 열등감과 피해의식이 엄청나다. 혜란이 늘 자기 것을 다 빼앗아 갔다고 믿으며, 혜란을 향한 시기, 질투, 원망으로 자신을 소진했다. 자신이 불행한 이유가 혜란 탓이라고 믿고 있기에, 현실에서 일어나는 일을 사실대로 보지 못하고 자기만의 왜곡된 시나리오를 써 내려갔다.

결국 어릴 적 친구 명우를 통해 '혜란이 악의를 가지고 못된 짓을 했다'는 확신이, 사실이 아닌 자신만의 소설이었다는 것이 드러났다. 은주는 이제 더 이상 비통해하지도, 억울해하는 것 같지도 않다. 다만 조용히 눈물을 흘리며 어두운 길을 천천히 걸어 나간다. 보잘것없는 자기 삶을 받아들인 자의 초라함과 초연함, 허탈한 자유로움이 동시에 느껴졌다. 이 장면이 드라마에서 은주가 나오는 마지막 장면이다. 그녀가 어떤 삶을 살게 되는지는 보여주지 않았지만, 분명 은주는 자신만의 인생을 살게 되지 않을까? 나에게 열등감을 안겨준 나쁜 사람을 하나 지목해 벌주고자 하던 마음을 내려놓고 자신과 화해했을 것이다. 사실 그 벌은 이미 본인이 받고 있었다는 걸 깨달았기 때문이다.

스스로 피해자라고 여기면 불행해진다

피해의식이 강해지면 정체성으로 굳어진다. 자신은 보호받아야 하는 힘없는 피해자로 설정하고, 나를 아프게 한 사람은 벌을 받아야 하는 힘 센 가해자로 지목하여 피해자 정체성을 내면화한다. 나는 힘이 없는 피해자이기 때문에 누군가의 비판을 무력화시키고 자신의 행동에 대해 책임을 면할 수 있다.

착한 사람을 위한 치유집단에서 자신에게 가장 강력하게 내면화된 정체성이 무엇인지 나누는 시간이었다. 반 정도가 피해자(희생자) 정체성이라고 대답했다(나머지는 해결사, 위로자, 보호자 정체성이었다). 그들은 "간 쓸개 다 빼줘놓고, 이제 와 보니 개털이더라" 하면서 허탈해한다. "그 자리에서는 입도 뻥긋 못하고 있다가 뒤돌아서 잘난 척한 인간들을 재수 없다며 씹어댔다"고 고백한다. 피해의식은 부족함과 열등감이라는 사고를 포함한다. 이러한 사고는 언제나 뼈저린 결핍을 경험하게 한다. 또한 피해의식은 나의 적개심을 타인에게 투사한 것이기도 하다. 좋았다 싫었다를 반복하게 되는 애증의 관계에서 피해의식을 더 많이 느낀다.

"저는 어렸을 적부터 언니와 같이 있는 게 싫었어요. 언니는 인형처럼 예뻤어요. 사람들이 언니에게는 '아이고 예쁘게 생겼네'라고 하고, 그 옆에 있는 나를 보면 '착하게 생겼네'라고 했어요. 나를 보며 사람들이 당황하는 걸 똑똑히 봤어요. 나는 솔직히 못생겼거든요. 엄마는 언니에게만 새 옷을 사주고, 나는 늘 언니 옷을 물려 입었어요. 언니는 다 가진 것 같았어요. 그런데 공부를 못했죠. 공부는 내가 언니를 이길 수 있는 유일한 무기였어요. 공부도 못하고 이기적인 언니는 부자와 결혼했어요. 그런데 얼마 전 언니가 형부한테 자주 맞았다는 걸 알게 됐어요. 너무 괴로웠어요. 언니가 불쌍한 한편, 오랜 체증이 내려가는 것 같았거든요."

어떤 사람들은 이처럼 자신의 피해의식을 직면한 뒤 부끄러움을 느낄지도 모르겠다. 너무 그렇게 생각할 필요 없다. 혹은 드라마 속 인물처럼 마음의 벌을 받을까 봐 울상을 짓고 있다면, 역시 그럴 필요 없다. 일단 심호흡부터 하자. 당신 잘못이 아니다. 내가 가졌던 미성숙한 생각과 태도는 '그때의 내가' 할 수 있는 최선이었다는 것을 다시 기억하자. 그 당시 나의 부정적인 생각, 행동, 감정, 태도들은 모두 정서적인 위협으로부터 나를 보호하는 나름의 기능을 한 것이다. 실패와 버림받을 수 있는 가능성으로부터 나를 지키기 위한 노력들이었다. 나의 나약함, 열등함, 비겁함, 무능력을 대면할 힘이 없었기 때문이다. 어쩌면 이런 사실 자체를 외면하고 싶을 수 있다. 하지만 진정 피해의식에서 벗어나고 싶다면 '내가 원하는' 내 모습이 아닌, '지금 그대로의' 나를 그냥 봐주자. 방법은 간단하다. 자신과 남에게 돌만 던지지 않으면 된다. 그저 '수고했다', '애썼네', '아이고, 오죽했으면' 하고 끄덕여주자. 그렇게밖에 할 수 없었던 나를 딱하게 여기고 위로할 일이다. 그리고 이제라도 나의 연약함을 부인하지 말고 부둥켜안아보자. 다시 강조하지만, 이미 지나간 일에 대해서는 절대 자신을 책망하면 안 된다. 꾸짖고 나무라며 못마땅하게 여기는 것 말이다. 다만 허심탄회하게 잘못을 인정하는 건 도움이 된다. 중요한 건 이제부터 어떻게 할 것인가이다.

피해자 정체성에서 벗어나기————————

좋은 놈 / 나쁜 놈

좋은 세상 / 나쁜 세상

때려치울까 / 참을까

나를 좋아하는 사람 / 나를 싫어하는 사람

피해의식이 크면 이렇게 이분법적으로 사고를 하게 된다. '너는 그렇게 생각하고 이렇게 표현하는구나'라고 생각하기보다, '나한테 이런 말을 하는 걸 보니 나를 무시하는 게 틀림없어' 하고 상처받는다. 상대가 내게 상처를 줬고, 세상은 만만한 곳이 아니기 때문에 관계 안에서, 세상 안에서 편안하고 자유로울 수가 없다. 그러니 생각도 내 좁은 틀 안에서 갇혀 있고, 사고가 경직되어 있으니 감정도 따라 메마르게 된다. 그래서인지 피해의식이 강한 사람과 대화를 하면 말이 안 통하는 느낌을 받기도 한다. 왜냐하면 그는 진짜 남의 말을 잘 듣지 않기 때문이다. (누구나 그런 면이 있다지만 특히 더) 자기가 하고 싶은 말만 하고, 듣고 싶은 말만 듣는다. 그러면 당연히 상대와 진심으로 공감할 수가 없으니, 그와 함께 얘기하는 사람은 연결감을 느끼지 못하고 지루해하거나 답답해한다. 혹시 내가 남들로부터 '말이 안 통한다', '답답하다', '니 말만 다 옳으냐', '너만 힘든 건 아니다'라는 말을 종종 듣는다면 내가 피해의식을 갖고 있는 건 아닌지 진지하게 생각해볼 필요가 있다.

피해의식을 가만히 들여다보면 결국 내 인생 안에서 내가 경험한 것만을 전제로 내가 만들어놓은 틀이다. 실은 자기가 하는 일에 스스로 의미부여하지 못하거나, 심지어는 하찮은 일이라 여기거나 자부심이 없을 수 있다. 결국 자기를 별로 좋아하지 않기 때문이다. 그래서 피해자 정체성에서 벗어나려면 나를 좋아해야 한다. 마음에 대해 다루는 거의 모든 책에서, 심리상담의 거의 모든 장면에서 자신을 사랑하라고 한다. 하지만 그게 어디 말처럼 쉬운 일이던가. 그런데 '그러니까 할 만하다'고 생각해보자. 그 어려운 걸 해내면 세상에 무서울 게 별로 없다. 그리고 얼마나 다행인가. 세상 사람 모두를 좋아해야 하는 것도 아니고, 나를 좋아하면 된다는데 말이다. 그럼 나를 좋아하려면 어떻게 해야 할까? 피해자 정체성에서 벗어난다는 건 어떤 것일까?

마음이 가는 대로, 입이 움직이는 대로

우선, 가슴에 맺힌 응어리를 좀 풀어보자. 피해의식이 많은 사람은 속에 쌓아둔 말도 많고 생각도 많다. 어디 가서 내 허점을 드러내면 안 되니 속에 있는 말은 꺼내지도 못한다. 그러다 보니 사소한 문제도 곱씹고 곱씹어 생각이 많아질 수밖에 없다. 가끔은 '내가 미쳤나?' 싶을 때도 있다. 혼자 끙끙대봤자 답 없다. 주위에 내 말을 판단 없이 잘 들어줄 사람이 있다면 도움을 청해보자. 내 얘기 좀 들어달라고, 그리고 누군가의 뒷담화든 세상을 향한 저주든 마음껏 쏟아내자. 물론 쉽지 않을 것이다. 안 해봤으니 이래도 되나 싶고, 체면도 구겨지는 것 같다. 괜찮다. 그거 없이도 산다. 마음이 가는 대로 입이 움직이는 대로 두자. 만약 주변에 내 말을 공감적으로 들어줄 사람이 없다면, 대나무 숲에 대고 혼자라도 풀어야 한다. 혼자서 마음을 풀어내기에는 글쓰기만 한 것이 없다. 치유하는 글쓰기 안내자이자 나의 스승인 박미라는 '죽도록 미운 당신에게'라는 주제로 부치지 않을 편지를 써보라고 제안한다. 경박하고 상스러워도 괜찮다. 어차피 부치지 않을 거니까. 글을 쓰다 보면 내가 뭐가 제일 화가 나고 속상한지 보일 것이다. 내가 진짜 원하는 게 뭔지, 듣고 싶은 말이 무엇인지도 솔직하게 써보자. 글쓰기의 치료적 기능에 주목하는 심리학자인 제임스 페니베이커James W. Pennebaker는 《털어놓기와 건강》에서 관심과 이해를 보여주는 사람에게 고통스러웠던 경험을 털어놓기만 해도 우리 마음이 한결 좋아진다고 말한다. 스트레스 연구의 대가인 로버트 새폴스키Robert M. Sapolsky도 자신의 두려움을 말하는 사람은 그렇지 않은 사람보다 코르티솔(급성 스트레스에 반응해 분비되는 물질) 수준이 점점 낮아진다는 연구결과를 보여주기도 했다. 하고 싶은 말 좀 하고, 내 말 좀 들어주고 살자. 내가 내 말을 들어주지 않으면 남도 내 말을 흘려듣는다. 이렇게 묻어두었던 나의 억울함과 분노, 초라함과 슬픔을 대면했다면 이제는 피해자 정체성 벗기 실전편으로 들어가보자.

인정하고, 직면하고, 부딪쳐라

피해자 정체성을 벗기 위한 첫 번째 관문은 나의 피해의식과 피해자 정체성을 인정하는 것이다. 내가 '원하는 만큼' 나는 잘나지 않았다는 것, 하지만 그래도 괜찮다는 것, 완벽할 수 없다는 것, 모든 사람이 나를 좋아할 수 없다는 걸 받아들이자. 피해자 정체성에 사로잡혀 있는 이들은 이렇다. 내가 못 배웠거나, 위선적이거나, 돈만 밝히거나, 비겁하거나, 열등감이 있는 걸 남들이 알까 두려워하고 그들이 날 싫어하거나 도망갈지 모른다고 각본을 쓴다. 그러니 힘든 상황에 정면으로 부딪치기보다 일단 지나가고 보자는 식으로 회피하는 경우가 많다. 못난 나를 보기 싫고, 인정하고 싶지 않기 때문이다. 불완전한 나를 받아들이는 과정은 용과 맞서 싸우는 것만큼 어려운 일이다. 그런데 이 용을 쓰러뜨리지 않으면 성 안에 갇혀 있는 공주인 '나'를 구할 수 없다.

그다음, 비극적인 드라마 쓰기를 멈추어야 한다. 피해의식에서 나온 시나리오는 대부분 공상이고 망상이다. 있는데 없다고 생각하거나, 없는데 있다고 믿는 게 바로 망상이다. 현실 안에서 실제 일어난 현상을 봐야 한다. 실체도 없고 근거도 없는 내 상상이 진짜라고 우기지 말자. 예를 들어, '내게 인사를 하지 않는 사람은 나를 무시하는 것이다'라고 생각하는 사람이 있다. 상대가 내게 인사를 하지 않는 이유는 그에게 물어보지 않는 한 알 수가 없다. 어쩌면 상대도 똑같은 생각을 하고 있을지 모른다. 하지만 내 딴에는 진짜 저 인간이 날 무시한 게 맞는데, 분명히 다른 사람과 나를 대하는 태도가 다른데, 사람들은 그게 아니라며 내가 너무 예민하다고만 하니 미치고 환장할 노릇이다.

　이런 일이 반복된다면, 현상을 바라보는 나의 관점을 점검해보자. 매사 부정적으로만 보진 않는지, 남의 허점을 먼저 찾진 않는지, 좋고 싫음이 뚜렷해서 가리는 게 많진 않은지, 사실은 내가 그 사람을 싫어하는 건 아닌지, 내 안에 이미 답을 내려놓고 사람들을 시험하지는 않는지 등 자신에 대한 공부가 필요하다. 왜 내 인생이 비극이나 막장이나 스릴러가 되어야 하는가. '그저 그런 드라마'로 가자. 세상 사람 99퍼센트가 그저 그런 드라마의 주인공이다. 나는 내 인생의 장르를 웃기고 엉뚱한 '시트콤'으로 정했다.

　세 번째는 내가 과거에 경험한 것을 미래에도 다시 경험할 거라는 믿음을 버려라. 즉 경험과 자신을 동일시하지 말아야 한다. 우리는 기분 좋은 일이나 힘든 일을 겪을 때 그 결과 자체를 '나'라고 생각하는 경향이 있다. 예를 들어, 내가 일을 잘해서 뛰어난 성과를 냈다면 '나는 잘난 사람'이라고 생각하며 우쭐해지는 반면에, 나의 실수나 부족함으로 일을 그르쳤을 때 자신을 '쓸모없는 인간'으로 간주하며 스스로를 혐오하기도 한다. 한정된 경험이나 특정한 능력이 내 전체나 실체는 아니다. 다만 나는 특정한 영역에 능력이 있거나, 또는 어떤 분야에는 재능이 없는 것뿐이다. 있는 것과 없는 것을 그대로 인정해주자.

관계도 마찬가지다. 누군가 나를 좋아하지 않는다고 해서 싫어하는 것은 아니다. 자기 멋대로 '사람들은 나를 싫어해'라고 판단하면서, '나는 사랑받을 만한 존재가 아니야'라고 부풀려선 안 된다. 긍정적인 것이든 부정적인 것이든 우리는 다양한 경험을 통해 자신과 세계에 대한 정보를 모으게 된다. 그 정보들은 오직 정보로써 이해의 폭을 넓히는 기능만 하면 된다. 그러니 정보를 예언처럼 떠받들지 말아야 한다. 부분을 전체로 싸잡지 말아야 한다. 특히 자신을 부정적인 경험과 동일시하면 자신에 대한 부정적인 신념이 굳어지게 된다. 그리고 인생은 그 신념이 향하는 곳으로 펼쳐진다.

마지막으로, 남에게 넘겨준 주인 자리를 찾아와야 한다. 문제의 해결책은 외부가 아니라 내 안에 있다. 우리는 대체로 순종적이며, 특히 내게 중요한 사람이나 권위 있는 사람의 영향을 너무 많이 받는다. 때로는 친구에게조차 휘둘리기도 한다. 나에게 미치는 타인의 막강한 영향력은 사실 타인이 내게 행사하는 것이 아니다. 내가 타인에게 힘과 주인 자리를 넘겨줬기 때문에, 내가 그 지배 아래 놓이게 된 것이다. 우리는 없는 것에 집착한다. 인정을 못 받는다고 여기면 칭찬에 집착하게 된다. 마찬가지로 내 세계가 만족스럽지 않다면 맞은편에 있는 불만족에 집착하게 된다. 내가 손해를 입었다고 믿고 피해자라고 생각하면 가해자에게 집착하게 된다. 주인은 명령하고 노예는 순종한다. 내가 누군가를 미워하거나 싫어하는 것처럼 강력한 감정을 부여잡고 있는 건 그 사람에게 지배받는 것과 같다. 내 인생의 주인 자리는 오직 한 사람, 나만이 가질 수 있는 절대 영역이다.

세상이 마냥 아름답기만 한 곳도 아니지만, 무턱대고 위험한 곳도 아니다. 인생은 늘 내 편만 들어주지 않으나, 그렇다고 매번 등에 칼을 꽂지도 않는다. 사람들이 내게 상처만 주는 것도 아니고,

나도 누군가에게 상처를 주고 산다. 일상이 순풍에 돛단배처럼 순조로울 때가 있고, 뒤로 자빠져도 코가 깨질 때가 있다. 풀겠다고 기를 쓸 땐 더 뒤틀리고, 붙들어 매려고 안간힘을 쓰니 풀어헤쳐질 때가 있다. 그냥 그런 거다. 인생이 내 마음대로 되지 않기도 하고, 뜻하지 않게 내 마음에 쏙 들 때도 있다. 그저 그런 세상에서, 그저 그런 나 자신과 친하게 지내보자. 친하다는 건 내 허접한 속내도 보여주고, 그 인간의 실수도 받아주는 거다. 그러다 보면 언젠가는 단비가 내릴 것이다.

상처받는 게
두려운 당신에게 _____

"할머니, 우리 엄마는 어떤 아이였어?"

"독한 년이었어."

외할머니는 기다렸다는 듯이 씨익 웃으며 서슴없이 말한다. 이유는 알 수 없었지만 자기 성질대로 해야만 직성이 풀리는 엄마의 성격을 알기에 '독한 년'이라는 말이 수긍이 되었다. 그리고 나는 엄마에게 다시 같은 질문을 던졌다.

"나는 어떤 아이였어?"

"독한 년이었어."

엄마 역시 주저 없다. 엄마는 이유를 설명하기 위해 옛날 이야기를 꺼낸다. 내가 중학생일 때, 눈이 많이 내리고 몹시 춥던 날에 아빠가 술에 취해서 몇 개월 만에 집에 왔다. 나는 무슨 자격으로 집에 들어오냐면서 아빠를 문밖으로 밀어버렸다. 술 취한 아빠는 눈밭으로 내동댕이쳐졌다. 나도 기억하는 장면이다. 엄마는 다시 읊조린다. "독한 년이지."

이제야 이 책으로 엄마에게 내 마음을 드러낸다.

'나는 원래 모진 년이 아니야, 모진 년으로 키워진 거지. 내가 왜 독한 년이 됐게? 다 엄마한테 사랑받으려고 그런 거야. 엄마가 아빠를 미워해야 한다고 가르쳤고 분노를 심어줬기 때문이지. 엄마 옆에서 살아남기 위해 아빠를 미워한 거야, 그런데 나보고 독한 년이라고?'

엄마도 억울할지 모르겠다. 할머니가 엄마를 독한 년이라고 할 때 엄마도 어이없는 표정을 지었다. 엄마도 나도, 딸들은 어찌하여 제 어미에게 독한 년 소리를 듣게 됐을까. 그 어미들은 제 딸들을 독하게 만든 결정적인 이유가 바로 자신들에게 있다는 것을 정말 모르는 걸까.

이런 경우를 심리학적 용어로 '동일시' 혹은 '내사'로 설명할 수 있다. 그러나 심리학 이론 따위는 몰라도 그만이다. 동일시와 내사는 착한 우리들에게 너무도 강력한 방어기제라는 점만 알아두고, 아래 내용을 가볍게 읽어보자.

투사 projection 투사라는 용어는 앞서 여러 번 등장했고, 몇 가지 사례를 통해 이미 설명한 바 있다. 투사란 자신의 생각, 감정, 욕구 등을 타인의 것으로 자각하는 현상을 말한다. 예를 들어, 'H는 나를 싫어한다'고 생각하는 사람이 있다. 이 경우 사실은 스스로를 싫어하거나 본인이 H를 싫어하면서 오히려 그가 자기를 싫어한다고 투사한 경우이다. 대개 우리는 스스로가 용납하지 못하는 부정적인 것들을, 내가 아닌 다른 사람이 그렇다고 투사해서 본다. 그러면 심리적인 부담을 덜 수 있다. 타인과 싸우는 것이 자신과 싸우는 것보다 더 낫기 때문이다.

한 가지 예를 더 보자. K는 징징대는 사람이 너무 싫다. 그는 지금 징징대는 사람에게 자기를 투사하고 있다. 투사는 대개 누군가 몹시 싫거나 화가 나는 마음으로 드러난다. K는 자기 안에 있는 보채기, 투덜대기, 짜증 내기, 의존하기 같은 것들을 받아들이기 힘들어 하는데, 그걸 내 앞에서 종합적으로 '징징대면서' 보여주는 그 사람이 싫은 거다. 남이 하는 그 '싫은 짓'은 대개 자신이 '그렇게 보이지 않기 위해' 있는 힘을 다한 것들이다. 그러니 내가 누군가에게 무엇을 투사하고 있다는 사실을 알아챘다면, 타인을 비난하는 대신 자신에게 이렇게 말해주자.

"감추며 사느라 얼마나 힘들었니, 이제 숨기지 않아도 괜찮아."

내사 introjection 내사는 투사와 반대 개념이다. 투사가 내 것을 다른 사람의 것이라 여기는 거라면, 내사는 다른 사람의 것을 내 것으로 내재화internalization 하는 일이다. 타인의 가치관이나 행동양식 등을 비판적으로 걸러내 나의 것으로 소화하지 못하고, 무조건적으로 받아들이는 걸 말한다. 대개 부모나 선생님, 권위 있는 사람, 동경하는 사람이 내사의 대상이 된다. 우리에게 해당하는 내사의 실례는 너무나 많다. 착해야 한다, 순종해야 한다, 참아야 한다, 상처 주면 안 된다, 튀면 안 된다, 이기적이면 안 된다, 폐 끼치면 안 된다 등등. 이런 생각의 대부분은 진짜 내 것이 아닌, 밖으로부터 주입된 것들이다. 그렇게 알게 모르게 주입된 것들은 어느새 나에게 완전히 녹아들어 당위적인 사고와 습관적인 행동으로 굳어진다. 지금까지 살펴본 것은 외부로부터 주입된 내사의 경우이다.

그런데 외부의 압력이나 교육을 받지 않았는데도 환경이나 경험에 따라 내가 스스로 만들어내는 내사도 있다. 예를 들면, C는 누군가에게 무언가를 요구하면 상대가 힘들어할 거라는 생각을 갖고 있다. 어릴 적부터 C는 정서장애를 앓는 동생 때문에 부모님이 힘들어하는 걸 이해하고 있었다. 물론 부모님은 C에게 어떤 강요나 압박을 주지 않았다. 오히려 동생만큼 신경 쓰지 못하는 걸 미안해했다. 그런데도 C는 '나까지 부모님을 힘들게 해서는 안 돼. 내가 부모님을 도울 길은 귀찮게 하지 않고 잠자코 있는 거야'라고 생각했다. 부모가 그렇게 생각할 거라는 나의 추측을 마치 원래 내 것처럼 내사한 셈이다.

그런데 이런 착한 심성을 갖고 있는 C는 종종 막연하게 불행하다고 느낀다. 그 이유는 쉽게 예상할 수 있을 것이다. 장기적으로 타인을 위해 나의 욕구와 감정을 억압했기 때문이다. 외부로부터 주입된 것이든, 스스로 만들어낸 것이든, 내사가 심한 경우에는 타인의 사고에 물들고, 타인의 기대에 맞추며 나의 욕구와 감정, 나만의 생각과 신념을 잃게 된다. 점점 진정한 자신에게서 멀어지고 자신의 내면과 조화를 이루기가 더 어려워진다. 이들은 자신에게 중요한 사람이 원하는 것은 잘 알지만, 정작 자신이 원하는 것을 잘 모른다. 내가 사라진 곳에서 나는 당연히 행복할 수 없다.

동일시 identification　동일시는 상대의 어떤 측면을 내 것으로 귀속시키는 것이다. 상대의 태도, 가치관, 행동 등을 받아들여가는 과정을 거쳐, 자기도 모르게 그 사람의 행동과 사고방식이 닮게 된다. 동일시하는 대상은 나에게 중요한 존재이기 때문에 불안을 일으키기도 하다. 대개 이런 역할은 부모가 맡게 되는데, 발달단계에서 부모는 자녀의 아군이자 적군이다. 동일시는 특별히 정체성과 연결된다. 부정적인 것이든 긍정적인 것이든 타인의 정체성을 차용하여 나의 정체성으로 만드는 일은 대개 동일시를 통해 이루어진다.

내사나 동일시나 비슷하게 느껴진다고? 사실 그렇다. 동일시나 내사 모두 내재화의 일부이다. 조금 더 깊이 들어가자면, 동일시는 내사보다는 진보된 형태의 방어기제로, 대상의 특성을 보다 선택적으로 내재화하는 것이다.

남몰래 눈물 훔치는 사람들

나는 엄마의 사고와 가치관을 내사하고, 불쌍한 엄마와 동일시하고 있었다. 그래서 엄마가 요구하는 것을 맞춰주려 했고, 엄마가 원할 것 같은 일을 알아서 찾아냈다. 뭐든 엄마가 만족할 만큼 잘 해내지 못하면 죄책감을 느꼈다. 내사가 지나치면 '내 잘못이야'라고 탄식하며 죄책감과 자기비난을 키우고, 심하면 자학적인 행동으로도 이어진다. 반면에 투사가 지나치면 '당신 잘못이야'라고 외치며 타인을 책망하고 피해의식을 갖게 된다. 착한 사람들은 죄책감으로 괴로워하는 경우가 많은데, 바로 누군가와 동일시(누군가를 이상화하여 동일시하는 경우를 포함)하며 내사하는 경향이 크기 때문이다.

건강한 환경적·심리적 자원이 제공되지 못한 '역기능 가족'에서의 아이는 선택의 폭이 좁고 자기표현을 해도 잘 받아들여지지 못했기 때문에 자존감이 떨어진다. 그러면서 자신을 무가치하게 느낀다. 그럴수록 '이 힘든 상황은 변하지 않을 것이며, 나는 가망이 없다'는 식의 무력감을 경험한다. 대개 이러한 불안과 무력감 같은 마음의 짐을 덜기 위해 한쪽 부모와 강력한 연합을 이룬다. 그한쪽 부모의 규칙과 목소리를 내사할수록 부모의 강력한 영향력 아래 놓이게 되고 끝내 부모와 분리되기 어려워지는 것이다. 내가 엄마의 규칙과 엄마의 목소리를 내사하면서 엄마 손바닥에 있었던 것처럼 말이다.

　　나는 '독한 년'이 맞다. 나를 아는 많은 사람들이 그 말에 동의할 것 같다. 하고 싶은 건 이루고야 말며, 시작한 것은 끝을 내고 마니까. 일면 스스로 자랑스럽게 여기는 부분이다. 나의 타고난 근성이자 정성을 다해 사는 삶의 태도라고 생각한다. 그러나 엄마에게 '독한 년'이란 말을 들으니 억울함과 슬픔이 올라왔다. 그리고 내가 왜 독한 년이 되었는지 상기하며 탈동일시의 필요성에 대해 나누려 한다.

　　소위 '독하다'는 말을 듣는 이들은 어떤가. 냉정하고 차갑고 매몰차다. 그리 상냥하지 않고 살갑지도 않다. 참고 견디기 힘든 일을 기어코 버텨내어 제 하고 싶은 걸 끝내 이루지만 주변 사람들은 잘 돌보지 못한다. 그래서 이기적이라는 욕을 먹기 십상이다. 내 아들의 아버지가 나를 그렇게 부를 것이고, 내 아들의 조부모가 나를 그리 여길 것이며, 어쩌면 내 아들이 나를 그리 생각할지도 모른다.

　　하지만 이런 사람들일수록 속은 여리고 약하다. 사랑받고 싶고 보살핌받고 싶은 욕구의 에너지를, 무언가를 취하거나 이루는

데 사용했을 뿐이다. 상처받기 쉬운 무른 마음과 두려움으로 가득한 유약함을 무표정과 무반응으로 위장한다. 이들은 대개 자신의 의존성을 과도한 독립성으로 갈아엎어 마음 내막을 감추는 데 선수다. 수치심을 은폐한 채 강한 척하고, 열등감과 분노 대신 독기를 뿜어내기도 한다. 이들은 제 속을 날 것대로 보이지 못한다. 잘나 보이려, 괜찮아 보이려, 씩씩해 보이려 한다. 그래서 이 가련한 종족은 대개 남몰래 눈물을 훔친다. 할머니가 내 엄마를 독하다고 하고, 내 엄마가 나를 독하다고 하여, 그리하여 엄마와 내가 처음으로 한 족속으로 엮였을 때, 나는 엄마의 독기를 이해하게 된다. 엄마의 상처도 별이 되었겠구나 한다. '당신도 독한 년으로 사느라 외로웠겠군요.'

스스로 괴롭지 않기 위한 선택을 해야 한다

우리는 자신에게 중요한 사람과 동일시하면서 닮아가기도 하지만, 때로는 그 사람 같지 않은 정반대의 행동으로 '닮음'을 스스로 증명하기도 한다. 역시 나의 얘기를 해보겠다. 엄마는 사람들과 있을 때 늘 자신이 이야기를 주도하고, 거의 자기 얘기만 하며, 상대에게 질문을 잘 하지 않는다(질문을 할 경우엔 '어떻게 할 거냐?', '그렇게 할 거냐?' 등 통제를 위한 질문이 대부분이다). 나는 그런 엄마를 자기중심적인 사람이라고 생각했다. 그런데 어느 날, 내가 사람들과 있을 때 내 이야기를 거의 하지 않는다는 걸 깨닫게 되었다. 그런 태도는 엄마와 같아지기를 무의식적으로 완강하게 거부한 결과였다. 친밀한 관계를 원하면서도 너무 친해지는 것을 두려워하게 된 이유는 엄마와 가까워지고 엄마의 요구를 알게 될수록 그것이 부담스럽고 화가 났던 경험 때문이다. 결국 엄마를 닮지 않겠다는 무의식적인 저항이 내가 진짜 원하는 친밀감과 연결감, 소속감 같은 것을 밀쳐낸 것이다.

많은 자식들이 제 부모의 싫은 면을 닮지 않기 위해 노력한다. 그러다가도 별안간 그 싫은 면을 똑같이 행하고 있는 자신을 마주할 때가 있다. 그럴 때면 소스라치게 놀라기도 하고, 벗어날 도리가 없다는 생각에 절망하기도 하며, 그리 애썼는데도 제자리인 것 같아 화가 날 수도 있다. 또는 누군가 "그럴 땐 네 엄마랑 똑 닮은 거 알아?"라는 말을 내게 할 때는 한 방 얻어맞은 기분이 들기도 하며,

차마 부인할 수 없을 때는 오히려 마음이 차분해질 때도 있다. 상대와 같아지지 않겠다는 강한 의도 자체가 상대의 영향력 아래 놓여 있는 것이기에, 이 의도는 집착의 일종이 된다. 싫은 사람과 닮지 않겠다고 할수록 싫은 사람과 닮아진다. '무엇을 하지 않겠다'는 생각에는 이미 그 '무엇'이 포함되어 있기 때문에, 그 생각의 영향을 피할 수가 없다. 너무 강한 의도는 오히려 반대의 힘도 강하게 만든다. 그러니 뭐든 너무 애쓰지 말고 하고 싶은 만큼, 할 수 있는 만큼만 하면 된다.

물론 우리네 부모가 좀 더 지혜롭고 성숙했다면 좋았을 것이다. 어느 정도 부모에게 책임이 있는 것도 맞지만, 결코 그들만의 잘못이라고 비난만 할 수는 없다. 그렇다고 내 탓도 아니다. 어리고 미숙한 내가 선택할 수 있는 최선이었으니까 말이다. 다만 인생에는 '그런 일'이 일어나게 마련이고 내가 그 일을 겪었을 뿐이다. 상처 입은 과거를 잊을 필요도 부정할 필요도 없다. 현재도, 미래도 마찬가지다. 나를 힘겹게 하는 문제는 여전히 내 앞에 놓여 있고 앞으로도 계속 펼쳐질 것이다. 다만 그 문제들이 더 이상 내 삶에 방해물로 여겨지지 않는 것, 이것이 치유된 상태이다. 그래야만 성숙하고 행복한 삶을 가꿀 수 있다. 내가 정의하는 치유란 많은 것을 받아들일 수 있는 상태다. 그러면 나를 힘들게 하는 것을 스스로 멈출 수 있다. 동일시를 벗고 투사와 내사를 거둬들이기로 마음먹어 보자. 내가 괴롭지 않기 위해서다. 이미 성인인 우리에게 중요한 것은 과거를 이해하고 받아들이는 행위를 통해, 지금에 집중하며 진짜 삶을 사는 일이다. 이보다 더 중요하고, 가치 있고, 꼭 해야만 하는 일이 있을까.

남에게 좋은 사람이
되기를 멈추다 ─────────────

"날 좀 있는 그대로 봐줘, 그렇게 못할 거면 그냥 내버려 두면 돼. 내가 알아서 한다고. 이래라저래라 하지도 마. 어차피 이젠 당신의 말을 들을 생각도 없지만 말이야. 한 번도 나를 진짜 믿어준 적이 없잖아. 내가 뭘 해도 마음에 들어 하지 않았으니까. 이제 그만 됐고! 내 인생은 내가 알아서 책임져. 제발 내 인생에서 꺼져줘!"

40대의 직장인 건희 씨가 '자신에게 가장 큰 영향을 끼치고 있는 사람(엄마)'에게 하고 싶은 말이다. 두서없지만 후련하다. 건희 씨의 10대는 사춘기가 없었지만, 30대 후반에야 '펄펄 끓는 사춘기'가 찾아왔다. '내가 이걸 왜 하고 있지? 도대체 누구를 위해 사는 거지? 무엇을 위해서 이렇게 달리고 있지?'라는 의문이 들었다. 그러더니 점점 화가 났고 사람들을 거칠고 뾰족한 말로 찌르곤 했다. 어느 순간에는 자신이 너무 불쌍하고 비참해서 죽고 싶을 만큼 우울하기도 했다. 그럴 땐 마치 영원히 죽지도 못하는 유령처럼 느껴졌다. 지금은 심리상담을 받으면서 본래 건희 씨가 갖고 있던 당돌함과 뻔뻔함, 쾌활함과 유머감각이 되살아나는 중이다.

진짜 나로 살기 위한 방향 전환

중년에 사춘기를 경험한다는 이야기를 심심찮게 듣는다. 빠르면 30대 중후반부터 대개는 40대~50대에 '자기'를 찾는 여정이 시작되는 경우가 많은데, 이때의 격렬한 요동을 사춘기라고 표현하는 것일 테다. 사춘기의 키워드 중에 하나가 '정체성'이지 않은가. 중년도 그렇다. 중년에 맞닥뜨리는 정체성의 문제는 사춘기의 그것과 비교할 수 없을 정도의 거대한 지각변동을 일으키기도 한다. 이때의 정체성은 삶 전체와 죽음 그 자체를 잇고 있기 때문이다. 신화적으로 보면 자기를 찾아가는 '영웅의 여정'에 놓여 있는 셈이다. 그래서 중년에 맞는 '지옥 같은 사춘기'는 좋은 징조이다. 영웅이 지옥을 경험하는 것은 온전한 자기를 향해 나아가기 위한 통과의례와 다름없다. 오디세우스, 헤라클레스, 테세우스, 페르세우스, 프리아모스, 모두 지옥을 지나쳤다.

융학파 정신분석가인 제임스 홀리스James Hollis는《내가 누군지도 모른 채 마흔이 되었다》에서 중년의 '심리적 지진'을 '중간항로'라고 표현한다. 이전에는 다른 성인들을 따라 하며 살다가 중간항로에 들어서게 되면서 방향 전환이 이루어진다. '지금까지의 삶에서 내 역할과 성취를 빼고 나면, 나는 도대체 무엇인가?'라는 질문을 비로소 던지게 된다는 것이다. 그리고 부모, 사회, 문화가 물려준 성격으로 사는 것이 아니라, 드디어 진정한 자신으로 향하는 여행길이 시작된다. 그래서 그 여행길에 오른 대부분의 사람은 '나를 찾고 싶다', '나를 알고 싶다', '나답게 살고 살다' 같은 소망을 갖곤 한다.

나도 마찬가지였다. 이전에는 사회에서 내 몫을 거두고 한 자리를 차지하기 위해, 내가 누군지도 모른 채 마치 눈가리개를 하고 달리는 경주마처럼 질주했다. 그러다가 어느 날 아침, 거울을 보는데 내 이마에 '늙음'과 '죽음'이라는 단어가 새겨져 있는 듯한 기분이 들었다. 거울 속 나를 가만히 한참 지켜보았다. 그때 느낌은 마치 영화 〈공각기동대(1995)〉에서 사이보그인 쿠사나기가 깊고 검은 밤바다에서 홀로 잠수할 때의 느낌과 비슷할지 모르겠다. "공포, 불안, 고독, 어둠, 그리고 약간의 희망"이 느껴졌다. 쿠사니기가 담담히 읊조린 희망. "물 위로 솟아오를 때 새로운 내가 되지 않을까" 하는 그 마음 말이다. 늙고 죽는 것이 두렵지만 그래도 이제는 새로운, 아니 진짜 나로 살 수 있지 않을까 하는 희망.

　　그런 약간의 희망을 가지고 심리상담소를 찾는 사람들을 크게 중간항로 이전과 이후로 나누어볼 수 있다. 중간항로 이전의 사람들은 대인관계의 어려움, 자신감과 사회성 부족, 역할 혼란 등, 자아가 취약하기 때문에 힘든 경우가 많다. 이들에게는 주로 자존감을 키우며 자아를 강화하는 방향으로 회복과정이 진행된다. 반면에 중간항로 이후의 사람들은 지나치게 강한 에고ego 때문에 불화나 갈등이 생겨 심리상담을 받게 되는 경우가 많다. 그와 동시에 에고는 깨질 줄 모르게 강한데, 그 안에 진짜 알맹이는 없는 것 같은 공허감과 기력상실을 겪기도 한다. 이때는 투사와 동일시를 거두며 참 자아를 찾는 과정이 진행될 수 있다. 자신의 본래 특성을 회복하고 남에게 양도했던 나의 영역을 되찾는 일이 시작되는 것이다. 이때쯤 돼야 우리에게 비로소 '나는 무엇인가', '왜 사는가', '삶은 무엇이고 죽음은 무엇인가' 같은 근원적인 화두가 생겨나는 듯

하다. 이런 '안'으로의 방향 전환은 결국 '남에게 좋은 사람'이 되기를 멈추고 '내가 마음에 드는 나'로 가는 길이 될 것이다.

일단 중간항로에 들어서면 나의 길을 갈 수 있다

연재 씨는 부모에게 경제적인 지원을 해주면서 자신의 존재감을 확인하는 것 같다고 말한다. 전문직 프리랜서인 그녀는 일정치 않은 수입에서 다달이 일정한 금액을 부모님께 보낸다. 부모님의 경제 여건이 열악한 것도 아니고, 그들이 요구한 것도 아니다. 하지만 연재 씨는 돈을 받는 엄마가 기뻐하면서 자기를 추켜세울 때 '나도 사랑받는구나'라고 느낀다. 연재 씨는 자기가 하는 일에서는 능력을 발휘하고 있지만, 관계 면에서는 공적으로나 사적으로나 모두 자신감이 없고 혼란스럽다. 사람들과 멀어지는 것도 상처가 되고, 그렇다고 너무 내밀해지는 것도 힘들다고 털어놓았다. 스스로 그렇게 위축되어 있다는 것을 알고 속상해하면서도, 막상 이렇게 말한다.

"그래도 사람들과 관계를 맺을 때는 어느 정도 눈치 보는 게 당연한 거 아니에요?"

"그걸 당연하게 생각하는 이유가 있나요?"

"그렇지 않고 내가 하고 싶은 대로 하거나, 나를 너무 많이 보여주면 다들 떠나니까요."

'자기 자신이 되면 사람들이 떠난다'고 생각하는 것이다. 그제야 그녀가 언젠가 '엄마 없이 살 수 있을까' 걱정했던 말이 이해가 되었다. 연재 씨는 어릴 적부터 부모에게 자신이 환영받지 못하는 아이였다는 느낌이 각인되어 있다. 지병으로 자주 앓아누워 있어야 했던 엄마에게 자신의 존재 자체가 부담스러운 짐이라는 걸 본능적으로 알아버린 것이다. 무뚝뚝한 아버지가 저만치서 고개를 숙인 채 한숨을 내쉴 때도 자신이 뭔가 잘못한 것만 같았다. '어린 연재'는 홀로 남겨진 것 같았고, 엄마가 저러다 덜컥 죽기라도 하면 고아원으로 보내질까 두려웠다. 엄마는 결코 죽지 않았고, 그녀가 버려지는 일도 생기지 않았다. 그녀를 지켜준 사람, 앞으로도 그녀를 지켜줄 사람은 엄마밖에 없다. 그녀는 결혼을 하고 싶은 생각도 별로 없고, 연애를 잘 못 하는 40대 여자다.

우리는 때로 결핍이 지나칠 때 스스로 해결하지 못하는 것을 남의 삶을 통해 얻고자 한다. 그런 일은 거의 언제나 가족이나 연인처럼 아주 가까운 관계에서 일어난다. 연재 씨는 채워지지 않았던 사랑과 부모에게 받았어야 할 신뢰와 안전감을 오히려 헌신적으로 돌려줌으로써 자기 존재를 정당화하고 싶었는지도 모른다. 나는 연재 씨가 부모에게 건네는 그 돈이, 어린 시절에 느꼈던 공포와 절망감을 스스로에게 보상하기 위한 위자료이자, 부모를 향해 품었던 무의식적인 원망과 분노에 대한 죄책감을 지우기 위해 자진해서 바치는 벌금처럼 느껴진다.

하지만 스스로를 위로하는 것이든 죄의식을 지우기 위한 것이든 상관없이, 연재 씨는 분명 자신의 길을 갈 것이라고 믿는다. 그녀는 이미 '자기'에게로 향하는 중간항로에 들어섰기 때문이다. 한 번 들어선 '나에게로 향하는 길'은 되돌아가기가 더 힘들다. 진실이 나를 이끌고 맞아들이기 때문이다. 그러니 그 길을 가고자 하는 이에게만 열리는 행운의 흐름에 몸을 맡기고 자연스럽게 흘러가면 된다.

부정적인 감정을 품고 살기엔 시간이 아깝다

자식을 키워보니 '내가 속 썩였을 때 내 부모가 얼마나 울화통이 터지고 애달팠을까' 하는 생각이 들 때가 있다. 반면에 역시 자식을 키워보니 '이런 아이를 두고 어떻게 그럴 수 있는지 모르겠다'며 부모를 이해하는 일이 더 어려워지기도 한다. 내 경우 이 양가적인 마음이 수도 없이 반복됐다. 그러다 보니 이제는 그런 생각들이 그다지 소용없는 것을 깨달았다. 부모에게 매여 있는 것 자체가 부모에 대한 집착이라는 것을 알고, 이런 집착은 '진짜 내 인생'을 사는 길에 전혀 도움이 되지 않는다는 걸 이해한다. 그래서 내몸과 마음에 걸리는 일을 억지로 하지 않으려 한다.

마흔이 넘고 쉰이 넘어도 부모가 미워서, 원망스러워서, 무서워서 쩔쩔매는 여린 어른들이 참 많다. 수십 년을 살아온 우리는 마치 어린아이처럼 여전히 부모에게 성인이나 도덕군자, 마법사 같은 엄청난 힘을 부여하고 있기 때문이다. 그러면서 부모가 나에게 거는 기대가 너무 버겁거나 공정하지 않다고 불평한다. 그런데 어찌 보면 사실 우리가 부모에게 거는 기대만 할까 싶기도 하다. 내심 내가 이상화한 '완벽한' 부모상을 요구하면서 말이다. 완벽한 부모상이란 나를 무조건 사랑하며, 절대적인 내 편이 되어주고, 나를 위해 아낌없이 주는 존재라는 이미지다. 가만히 들여다보자. 내가 부모에게 바라는 요구가 훨씬 더 많을 것이다. 왜 좀 더 성숙한 부모가 아닌지, 왜 알아서 살지 못하는지, 어쩌면 이렇게 자식을 귀찮게 하는지 끊임없이 불평한다. 내가 만족하지 못하는 그만큼이 딱 부모를 향한 요구의 크기다. 이미 오래 살아서 기력이 다한, 환경 탓이듯 개인의 성정 탓이든 나만큼 성숙하지 못한 부모에게 너무 큰 기대는 과감히 접어두는 편이 낫다. 나를 위해서라도 말이다.

　이 말에 반박하는 이도 분명 있을 것이다. 머리로는 이해가 되지만 마음 밑바탕에는 여전히 부모가 나를 지극히 위해주고 이해해주기를 바랄 수 있다. 혹은 반대로 화가 나 모든 걸 그만두고 싶을 수도 있다. 그런 감정이나 욕구가 있는 것 자체는 잘못이 아니다. 다시 강조하지만 아무리 부정적이라 해도, 감정이나 욕구 자체는 죄가 아니다. 다만, 그 원망과 미움의 자리에 머물러만 있다면 나만 손해라는 점을 다시 생각해보자. 엄마(혹은 그 누구라도)와 떨어지지 않겠다고 탯줄을 목에 칭칭 감고 몸부림을 친다면 결국 그 탯줄이 내 목을 조를 것이다. 중년 이후에는 진정한 내 삶을 꾸리고 후회 없는 죽음을 맞을 준비를 해야 한다. 탯줄을 붙잡고 있기에는 남은 시간이 아깝다.

누군가를 다 이해하지 못해도 사랑할 수 있다. 마치 내 사랑의 증명서라도 써야 할 것처럼 우리는 상대를 전적으로 이해해야 한다는 강박을 가지고 있는 것 같다. 부모가 미워도, 싫어도 사랑할 수 있다. 이런 게 애증이지 별건가. 밉고 불편한 부모를 애써 사랑해야 한다는 말이 아니다. 끝까지 안 돼도 할 수 없다. 다만 강렬한 감정 하나에 꽂혀 있을 때는 볼 수 없는 다른 것들이 있음을 받아들여보자는 뜻이다. 상담 현장에서 그런 경우를 종종 본다. 부모에 대한 원망이 큰 사람들이 정작 부모를 사랑하고 있다는 것을 깨닫게 될 때, 그리고 그 사랑을 받아들이기로 할 때 얼마나 놀라고 당혹스러워하는지, 깊이 슬퍼하며 홀가분해하는지. 미움과 원망이 사라져야만 사랑하게 되는 것은 아니다. 우리 안에는 존재나 생명을 향한 순수한 사랑과 연민이 있다. 사는 것이 힘이 들어서, 억울하고 분한 것이 많아서, 내가 받은 것과 이미 가지고 있는 것을 살피지 못할 수 있다. 동그랗고 따뜻한 방석을 뭉개고 앉아 날카롭고 차가운 칼을 가느라 힘을 쏟지 않으면 좋겠다.

7 장

────────────

완벽주의 내려놓기

너무 애쓸 필요 없습니다

나도 누군가에게
상처를 줄 수 있다 ―――――――――――――

　　민경 씨에게 전화를 받았다. 진행 중인 프로그램에 더는 참여할
수 없겠다고 한다. 이유를 묻자 머뭇거리며 실은 내게 무시당했기
때문이라고 한다. 순간 어안이 벙벙했다. 구체적으로 나의 어떤 태
도나 말 때문이었는지 알려달라고 조심스럽게 물었다. 그녀는 몇 개
의 이유를 설명했다. 그중 하나는 그녀가 불편하게 느꼈을 수 있다
고 생각돼 나의 부족함에 대해 사과를 했다. 하지만 나머지는 민경
씨가 크게 오해하는 것 같았다. 그녀는 내가 자신에게 어떤 불편한
속내가 있었다고 생각했다. 나는 어떠한 의도도 없었음을 해명했고,
그녀도 자신이 예전에 받은 상처 때문에 지나치게 예민했다며 미안
하다고 했다. 오해는 풀어지고 잘 마무리되었지만 며칠 동안 내 마
음엔 까슬까슬한 파문이 일었다.

'약함'을 인정할 용기

아무리 악의가 없었다 해도 상대는 이미 상처를 받았다 하니 마음이 괴로웠다. 나도 오래전에 비슷한 경험이 있었다. 그러니 상대에게 미안한 마음은 물론이고 '내가 이런 실수를 저지르다니' 하며 자괴감이 들었다. 나로 인해 상처받았다는 말에 나도 상처 입은 것이다. 이 일은 분명 내게도 자신을 들여다볼 소중한 기회였다. 나를 최대한 정직하게 만나볼 요량으로 치유 글쓰기 노트를 꺼내 글을 써 내려갔다. 일단 무거운 감정들을 해소하고 나니, 다음과 같이 생각이 정리됐다.

첫째, 나는 죄책감에 취약하다.

둘째, 나의 부족함과 잘못을 인정할 수 있다.

셋째, 나는 모든 일을 다 잘할 수 없고 앞으로도 그럴 것이다.

넷째, 모두가 나를 좋아하거나 나의 선의에 고마워할 수 없다.

다섯째, 나의 자유분방함에서 나오는 태도를 어떤 사람들은 편안하게 느낄 수 있지만, 누군가에게는 상처가 될 수 있다. 그러므로 나의 정체성과 개성을 수용하되, 보다 유연한 태도와 지혜로운 분별력이 필요하다.

여섯째, 타인과 서로 주고받는 투사에 상처받을 필요는 없다. 우리 모두 내 안에 있는 것만을 타인을 통해 보게 된다. 그러니 타인을 거울 삼되 남 탓을 하거나 자책하지 않는다.

마음공부를 하면서 나는 '잘나지 않아도 된다'는 것을 이해하게 되었다. 그리고 나는 분명히 예전보다 훨씬 더 마음의 공간이 넓어졌고 받아들여지는 것이 많아졌다. 하지만 여전히 이렇게 같은 돌부리에 걸려 넘어진다. 그 돌부리는 주로 죄책감이나 열등감으로 솟아 있다. 하지만 예전처럼 넘어진 나를 한심해하거나 거기 있던 돌을 탓하지는 않는다. 나는 나대로, 돌은 돌대로, 펼쳐진 현상을 똑바로 보려 노력한다. 그러니 원래 거기 있던 돌이 무슨 잘못이 있겠는가. 대신 그 돌이 놓여 있는 주변의 지형과 돌의 성질을 잘 살펴야 한다. 웅덩이가 파여 있는지, 툭 차버려도 되는지, 차버리려다 돌에 낀 이끼에 도리어 내가 넘어지진 않을지.

어릴 적부터 내 주변엔 친구들이 많이 따랐다. 학교를 다닐 때는 공부를 꽤 했고, 일을 할 때는 잘한다는 인정도 많이 받았다. 그래서 나 같은 사람은 딱 '나 잘난 병'에 걸리기 쉽다. 하지만 겉으로 잘나 보이는 내면에는 열등감이 자리 잡고 있었다. 가족들의 기대에 못 미친다고 생각했고, 부족하고 모자란 느낌 때문에 수치심도 컸다. 나의 이런 '약함'을 들키지 않기 위해 인격적으로나 능력적으로 모두 잘해내기 위해 노력했다. 대개의 완벽주의의 기원이 그렇듯, 나 또한 어린 시절부터 성취한 일과 '착한 행동'으로만 긍정적인 평가를 받아왔다. 자연히 성인이 되어서도 나의 존재 그대로를 바라보고 나의 한계, 취약함, 공포를 끌어안는 일이 쉬울 리 없다. 이러한 나의 열등감과 짝을 이루는 우월의 욕구는 아들러Alfred W. Adler의 이론으로 해석할 수 있다.

원해서 하는 행동과 어쩔 수 없이 하는 행동의 차이

아들러는 인간이 어린 시절 부모나 학교 같은 외부세계로부터 받은 인상에 의해 만들어진 세계상을 바탕으로 생의 목표, 삶의 형태, 성격이 만들어진다고 했다. 나의 존재와 존엄이 훼손당하는 불리한(나의 존재를 인정하지 않는 과잉보호나 반대로 존재를 주눅 들게 하는 위협적인 환경) 양육 조건에 놓여 있었다면, 그 과정에서 삶에 대한 부정적인 이미지가 생겨나고 열등의식이 자라난다. 내 존재 자체를 열등하다고 느끼는 것이 바로 수치심이다. 이렇게 열등감과 수치심에 사로잡힌 사람은 이 감정으로 비롯되는 긴장과 좌절을 해소하기 위해 우월감을 추구하게 된다. 그로 인해 점점 실수와 실패를 용납하지 못하는 경직된 태도가 굳어진다. 좀 더 비극적으로 치닫게 되면 타인에 대한 우위와 우월성을 입증하는 것이 인생의 목적이 되는 경우도 있다.

아들러에 이어 호나이의 신경증 이론으로 우리가 갖고 있는 완벽주의로 인한 고통을 좀 더 깊이 살펴보자. 둘은 모두 신프로이트 학파로 신경증을 깊이 연구했다는 공통점이 있다. 그리고 아들러 이론의 중심에 있는 '우월성의 추구'와 호나이 이론의 중심에 있는 '자기이상화self-idealization' 개념은 완벽주의를 설명하고 이해하는 데 도움이 될 것이다. 완벽주의는 일종의 신경증이다. 여기서 말하는 신경증은 병리적 질환이 아닌 심리학자 융이 말한 "자신의 의미를 아직 발견하지 못한 영혼의 고통"으로 이해하길 바란다.

《내가 나를 치유한다》에서 호나이는 "반에서 1등을 하지 못할 바에는 장님이 되는 것이 낫다"고 말한 '야심에 찬 열한 살 소녀'의 사례를 소개하며, 우리 모두 영광의 제단에 희생되고 있지 않은지 의심해봐야 한다고 충고한다. 호나이는 신경증을 "진실한 나를 포기하고 이상을 좇는 나에게 사로잡혀 끌려가는 과정이자, 이상을 좇는 가짜 나를 현실에 구현하려는 과정"이라고 했다. 달리 말하면 현실의 자신real self과 원하는 자신ideal self 사이의 괴리다. 그리고 현대인은 모두 어느 정도 신경증이 있다고도 위로한다. 모든 신경증은 현실에 근거하지 않은 이상에 맞춘 자아상을 만들어내고, 그것에 집착하는 데서 생긴다. 고통스럽고 견디기 힘든 감정인 상실감과 불안, 열등감과 고립감에서 벗어나기 위해 자기이상화를 시도하는 것이다.

나아가 이러한 자기이상화는 영광만을 좇는 결과를 낳는다. 현실에서 이상을 구현하기 위해 완벽성을 추구하며, 스스로를 개조한다. 사회가 요구한 혹은 자신이 세워둔 당위와 금기의 체계를 따르도록 하는 것이다. 이에 실패할 경우 응당 죄책감이 따른다. 이렇게 '영광을 좇는 탐색'에 매몰된 이들은 걱정이나 갈등을 직시하기보다 회피하려 하며, 죄의식에 빠지거나 타인에게 거부당했다고 느끼지 않기 위해 자신의 감정을 고려하지 않은 채 살아간다.

이러한 신경증의 과정을 호나이는 자발성과 강박의 차이로 설

명한다. "나는 원해"와 "(위험을 피하려면) 어쩔 수 없었어"의 차이
다. 완벽해지려는 것이 설령 내가 '원하는' 것이었더라도, 영광만
을 좇다 보면 어느새 나는 원하는 것을 '할 수밖에 없는' 상황으로
내몰린다. 내 뜻대로 되지 않을 때 불안해지며 강박적으로 치닫지
않도록 마음을 살펴야 한다. 스스로 원하는 행동과 필요에 따른 행
동의 차이를 구분해야 하는 것이다.

　　나는 내가 진행하는 프로그램의 참여자를 만족시키지 못하고,
심지어 그가 나에게 상처받았다고 한 일로 내 인격이 손상됐다는
느낌을 받았다. 이 느낌은 나의 완벽주의적인 성향에서 나온 것이
다. '잘난 나'에 금이 가서 그렇다. 우리는 세계로부터 나의 쓸모와
유용성, 유능감과 탁월함이 입증될 때에 인정 욕구가 충족되고 자
신감이 생긴다. 하지만 이것들을 증명하지 못하거나 나의 가치가
평가절하될 때, 내 존재의 지위는 강등되고, 가치는 추락하며, 다른
무언가로 대체하려 아등바등한다. 그렇다면 이러한 완벽주의에서
오는 열등감(혹은 열등감 때문에 생긴 완벽주의)과 이상화된 자기로부
터 스스로를 구하려면 어떻게 해야 할까?

나에게 최대한 솔직해지자

　나는 이런 방법을 사용한다. '현실의 나'가 '내가 바라는 나'에게 나의 비리와 어두움을 솔직하게 털어놓는 것이다. '나는 권위 있는 사람에게 잘 보이고 싶다. 나는 손해 보지 않기 위해 비겁했다. 나는 나보다 잘나고 독특한 사람을 보면 기가 죽는다. 나보다 못난 인간이 나보다 잘 되는 걸 보면 시기심이 든다' 등 최대한 솔직해지는 것이다. 어쩌면 다른 사람에게 정직하게 구는 것보다 자신에게 솔직하기가 더 어려운 일 같다. 우리는 자신에게조차 너덜너덜한 밑바닥을 보이며 솔직해지기보다, 교묘한 관대함을 베풀어 나를 속이는 일이 더 쉽고 안전하다고 느끼기도 한다. 하지만 자신에게 거짓말을 해봤자 나는 다 알고 있다. 그렇기 때문에 속임수를 쓰지 않으면서도 어떻게든 인정하고 싶지 않은 진실을 피하려면 고도의 자기최면 혹은 자기기만을 해야 한다. '나는 잘 보이기 위해서라 아니라 내 능력을 발휘한 것뿐이다. 나는 손해 보지 않으려는 게 아니라 냉혹한 현실을 직시했을 뿐이다. 나는 기가 죽은 게 아니라 조금 부러워했을 뿐이다' 같은 생각 말이다. 물론 이런 셀프 사기행각은 반드시 들통나게 마련이고 신경증 같은 부작용이 따를 우려가 크다. 하지만 일단 솔직해지기로 마음먹고 나를 다그치거나 벌주지 않겠다고 약속한다면, 어떤 선택을 했을 때 왜 그렇게 해야 했는지 자신에게 합리화하느라고 애쓸 필요가 없어진다. 대신 자유로워질 수 있으며, 배짱도 생기고, 불완전의 불안으로부터 나를 지키는 담력을 얻게 될 것이다.

　　두 번째 방법은 '겸손함 모셔오기'이다. 겸손의 사전적 정의는 "남을 존중하고 자기를 내세우지 않는 태도"다. 이 겸손을 남에게만 바칠 것이 아니라 완벽주의 성향이 강한 자신에게 적용해보면 어떨까. 남에게만 겸손할 것이 아니라 자신에게 겸손하기. 즉, 겸손은 기꺼이 나의 한계를 인정하는 일이다. 우월의 방향으로 내달리며 타인의 인정을 바라는 갈급한 발걸음을 멈추고 나를 지긋이 바라보자. 호랑이인 줄 알았던, 혹은 호랑이이길 바랐던 내가 사슴이면 어떤가. 호랑이가 아니라 사슴이라고 해서 자신을 창피해하는 사슴은 없을 것이다. 호랑이는 호랑이대로 살고, 사슴은 사슴대로 제 몫과 제 숨으로 산다. 이상적으로 바라는 '훌륭한' 사람이 아니어도 괜찮다. 실수를 피해갈 수는 없으며, 좌절하고 실패할 수도 있다. 그리고 나는 나도 모르게 누군가에게 상처를 줄 수도 있는 사람이다. '훌륭한 사람' 가면을 쓰고 헉헉거리고 사느니 '보통 사람'으로 편히 숨 쉬고 사는 게 자연스럽다. 나를 나대로 자연스럽게 두는 것이 나를 존중하는 일이며 사랑하는 일이다.

유독 억울함이 많다면,
너무 애쓰고 있다

착한 사람의 기준은 '남'의 시선과 평가인 경우가 많다. 나 혼자 사는 세상이라면 내가 좋은 사람이 돼서 뭐 하겠는가. 혼자 살 수 있는 사람은 없기에 우리 모두의 마음에는 어느 정도 '남'이라는 지분이 있다. 그 수와 힘의 세기가 다를 뿐이다. 따라서 우리가 남들과 긍정적·부정적 영향을 주고받는 것은 필연이다.

그런데 착하고 좋은 사람들은 남에게 부정적인 영향을 끼치는 것을 재앙이라도 되는 듯 몸을 사린다. '폐 끼치면 안 된다'는 사고방식을 가지고 있는 것이다. 일부러 남에게 나쁜 영향을 주기 위해 피땀 흘리는 사람은 없다. 어쩌다 보니, 잘 몰라서, 미숙해서 그럴 뿐이다. 그런데 우리는 이런 우연과 무지와 실수를 모두 미연에 방지하기 위해 안간힘을 쓴다. 욕먹고 소외당하고 버림받을 일을 피하고, 대신 칭찬과 인정, 존경을 구한다. 이런 사고와 의지의 틈을 타 완벽주의가 끼어든다.

완벽주의 또한 인정 욕구에서 비롯된다. 완벽을 추구하는 마음은 자신의 만족을 추구하고 불쾌를 차단하는 것이라고 하지만, 실은 타인의 환심을 사거나 인정받기 위한 전심전력이다. '나는 타인에게 인정받기 위해서가 아니라 오로지 나의 만족을 위해서다'라고 항변하고 싶은 마음이 든다면, 이 또한 '병'이 아닌지 의심해봐야 한다. 만약 타인의 시선과 평가를 염두에 두지 않고서도 자신이 세워둔 기준에 완벽을 기한다면 그건 강박장애라 불리는 병리적 현상으로 봐야 한다. 이러한 병리적 강박은 '나' 안에 갇힌 상태로 오히려 '남'이 없다. 자신만의 규칙, 자기만의 질서, 자기만의 세계 안에서 살기 때문이다. 반면에 우리가 말하는 완벽주의는 타인이라는 감옥에 갇혀 있는 노이로제(신경증)와 비슷한 상태다. 게다가 내면에도 타인이 들어 앉아 있다. 내 안에 '커다란 남'이 들어앉아서 '작은 나'를 감시하고 통제하며 들볶는다.

너무 완벽해서 억울한 사람들

서연 씨는 40대 후반의 워킹맘이다. 금융계에 종사하는 그녀는 직장에서 능력을 인정받아 고속승진을 했다. 그녀는 "남자들이 하는 노력의 열 배는 더 했다"고 한다. 업무 역량을 키우기 위한 노력뿐만 아니라 동료들에게 지지 않으려고 술도 더 많이 마시고, 모든 사내 모임에도 빠지지 않고 참석했다. 동시에 초등학생과 중학생 두 자녀의 학부모 임원으로 아이들 학교에도 기여를 많이 한다. 시부모님과 함께 살기 때문에 그들에게도 좋은 며느리가 되기 위해 물심양면으로 노력한다.

　호원 씨는 남에게 부탁이나 아쉬운 소리 하는 것을 질색한다. 이유는 두 가지이다. 누군가의 도움을 받는 것은 자신의 열등함을 인정하는 것 같아 자존심이 상하기도 하고, 남들이 하는 일은 미덥지 않기 때문이다. 가족이나 동료가 도와주겠다고 해도 손사래를 친다. 몸은 힘들어도 차라리 제 손으로 하는 것이 속도 편하고 안심이 된다. 이렇게 호원 씨는 남에게 도움을 청하지 못하고 사소한 일도 맡기지 못하는데, 남들의 부탁은 거절하지 못해 시간에 쫓기며 제대로 쉬지 못한다.

　서연 씨와 호원 씨 같은 완벽주의자를 우리 주변에서 어렵지 않게 볼 수 있다. 그들은 모두 자기 자신에 대해 지나치게 높은 기준을 세우고 있다. 그리고 동시에 다른 사람의 기대에 모두 부응하고자 한다. 적게는 남들에게 싫은 소리를 듣지 않기 위해 애쓰고 민폐에 알레르기 반응을 일으키는 것부터, 크게는 내 주변의 사람들을 모두 만족시키고 행복하게 해주겠다는 영웅적인 사고를 지니기도 한다. 심지어는 부모나 자식을 위해서라면 내가 희생하는 것쯤은 당연하다고 여기며 순교자 같은 삶을 살기도 한다. 이런 완벽주의자 치고 행복한 사람은 단 한 명도 보지 못했다. 대개는 상대가 달라고 하기도 전에 퍼주고 나서, 나중에 자신은 그만큼 돌려받지 못했다며 서운해하거나 억울해한다. 자연스러운 마음이다. 내가 다른 사람에게 욕먹지 않기 위해, 다른 사람을 만족시키기 위해, 완벽을 기한 만큼 나의 진짜 감정과 욕구, 소망은 희생된다. 그러니 남들이 알아주지 않으면 속이 허하고 억울하다. 혹시 내가 유독 억울함이 많은 것 같다면, 필요 이상으로 너무 많이 애쓰고 사는 건 아닌지 돌아보자. 나의 감정과 욕구가 통제된 만큼 내 삶은 자발성을 잃게 된다. 자발성을 발휘하지 못하고 사는 일은 훨훨 사는 것이 아닌, 꾸역꾸역 살아내는 일이 된다.

어떠한 잘못도 저지르지 않고 살 수는 없기에

'완벽주의를 가진 좋은 사람'은 남들은 알아채지도 못하거나 눈에 띄지도 않는 작은 실수나 결함에 온통 신경을 곤두세운다. 행여 내가 누군가를 서운하게 하지는 않았는지 챙기며 눈치를 본다. 가까운 사람에게조차 책잡히지 않을까 경계를 풀지 못한다. 늘 단단히 긴장한 채 살며, 당연히 스트레스에 몹시 취약해진다. 그럼에도 불구하고 다시 이들은 사람들을 귀찮게 하지 않고, 실망시키지 않으며, 그들의 기대에 부응하는 일에 최선을 다함으로써 살아남으려 한다.

완벽을 향한 목표는 불가능한 것이다. 왜냐하면 목표 자체가 비현실적이기 때문이다. 서두에서 이미 언급한 대로 우리가 사람들과 함께 사는 이상 어떤 영향들을 주고받을 수밖에 없고, 그렇기 때문에 안타깝지만 나도 모르게 누군가를 섭섭하게 할 수도 있고 상처를 줄 수도 있다. 여전히 완벽함을 내려놓고 싶지 않다면, 스스로에게 다음 두 가지 질문을 던져보자.

ㅇ 나는 어떠한 잘못도 저지르지 않기를 원하는가?

ㅇ 모든 사람이 나를 좋아하고, 모든 사람이 나를 인정해주길 바라는가?

이 두 가지 질문에 답은 모두 '노№'여야 한다. 하물며 신도 우리를 모두 만족시키지 못하는데 어찌 우리가 자신과 남들에게 완벽할 수 있겠는가. 우리는 어떠한 잘못도 저지르지 않고 살 수 없다. 거꾸로 생각해보자. 때로는 내가 작정하여 선의를 베풀거나 배려한 게 아닌데도 나의 어떤 말 한마디, 어떤 행동 하나가 남들에게 좋은 인상을 주거나 도움이 되었다는 말을 들어본 적이 있지 않은가? 그러니 당연히 반대의 경우도 있지 않겠는가. 나의 무의식적인 말이나 행동에 상대가 상처받을 수도 있고, 단지 나의 사소한 습관만으로도 누군가 기분이 언짢거나 오해할 수 있는 일은 얼마든지 있을 수 있다.

내가 하는 일과 내 행동의 결과에 실수와 흠이 없어야 한다는 생각을, 정확히 욕심을 내려놓자. 정성과 힘을 다한 결과가 만족스럽지 못하더라도 그것이 나의 최선이었음을 스스로 인정해주자.

최선이라는 것도 오해하지 말아야 한다. 최선은 최상이 아니라 '할 수 있는 만큼'이다. 완벽해야만 인정받을 수 있다는 믿음은 내 일에 스스로 만족하는 성취를 이루거나 바람직한 관계를 맺는 데 전혀 도움이 되지 않는다. 이러한 믿음은 삶의 자발성이 아닌, 실패에 대한 두려움이나 인정과 사랑받지 못하는 것에 대한 두려움이 행동의 동기로 작동하기 때문이다. 두려움은 우리를 행동하게 할 수는 있지만, 결코 행복하게 할 수는 없다.

누구에게나
불행은 찾아온다 ————————————

10여 년 전 엄마의 난소암 투병이 시작된 후, 나도 자연스럽게 '병원생활'을 하게 됐다. 그러다가 암 환자의 초상사진 시리즈인 〈묵정墨井(2011~2013)〉을 제작하게 되었는데, 이때 환자들과 인터뷰하면서 많은 이야기를 나눌 수 있었다. 한창 작업을 하던 즈음, 병으로 고통받는 많은 사람들이 갖고 있는 마음을 보게 되었다. 분명 나 자신도 갖고 있었을 그 마음. 바로 '나는 불행할 수 없다'는 마음이었다. 아픈 사람들이 그렇게 억울해했던 내막이 드러나자, 문득 이런 생각이 들었다.

"왜 나는 불행하면 안 되지?"

세상에 '그래야만 하는 것'은 없다. 이럴 수도 있고, 저럴 수도 있다. 내가 원하는 대로 될 수도 있고, 안 될 수도 있다. 이런 입장은 이래도 한세상 저래도 한세상 같은 허무주의나 염세적인 태도와는 다르다. 한세상을 사는 우리의 삶이 반드시 그래야만 하는 것이라면 너무 뻔하고 재미없지 않겠는가? 이럴 수도 있고 저럴 수도 있는 것은 삶의 모양과 빛깔, 양식을 다채롭게 만들어갈 수 있으니, 허무나 염세적인 것과는 오히려 거리가 멀다. '내 인생은 이래야 돼'라고 하는 건 굳이 좁은 길로 가겠다는 것이다. 내 삶이, 내 일이, 내가 맺는 관계가 '그래야만 한다'고 여기며 살면 결국 그 길을 갈 수 없을 뿐더러, 언젠가는 번아웃 증후군에 빠질 것이다. 좁은 길에서 큰 짐을 지고 가려니 고될 수밖에. 자연스럽게 노력하고 살기보다 스스로를 의무와 강박의 감옥에 수감시켰을지도 모른다. 내가 새겨 넣은 마땅함과 이치의 법전 안에서 자신에게 끊임없이 구형을 내리고 판결을 선고하면서.

　소망하는 것이 이뤄지도록 노력하며 살자. 그런데 될 수도 있고 안 될 수도 있다고 생각하면서 노력하는 것과 꼭 그래야만 한다고 생각하고 노력하는 것에는 큰 차이가 있다. 결과에 대한 만족감이나 성취감, 행복을 느끼는 정도가 다르다. 될 수도 있고 안 될 수도 있다고 생각하며 노력한 경우, 소망하는 것이 이뤄지면 성취감과 감사함을 느낄 수 있다. 잘 안 됐을 경우에는 그 원인을 알아내어 겸허히 받아들이고 나중 일을 도모할 수 있다. 하지만 '무조건 돼야 한다'고 여기면서 밀어붙일 경우, 목적한 바를 이뤄도 자신의 노력과 업적을 스스로 치하하고 자긍심을 갖기가 힘들다. 거기에다 '잘 해내야만 한다'는 생각이 너무 강하면 남들의 작은 지적이나 객관적인 평가도 비난으로 여기고 괴로워한다. 게다가 '그래야만 하는 것'을 달성한 건 당연한 결과이기 때문에 자긍심과 기쁨을 누릴 수가 없다. 실수한 것과 모자란 것, 더 채워야 할 것이 계속 떠오를 뿐이다.

누구나 자신만의 한계가 있다

타르타로스(그리스 신화에 나오는 지하세계의 제일 깊은 곳에 있는 지옥의 강)에 갇혀 영원한 배고픔과 목마름의 형벌을 받는 탄탈로스의 고통이 겹친다. 탄탈로스는 신의 음식인 암브로시아와 넥타르를 훔쳐 먹고 신들의 비밀을 누설한다. 탄탈로스는 점점 신과 동등한 위치를 탐하게 된다. 아들 펠롭스를 죽여 요리로 만들어 신들에게 대접하면서까지, 신들의 능력을 시험하기도 한다. 결국 탄탈로스는 허리를 숙여 물을 마시려 하면 물이 아래로 빠져나가고, 과일

을 따기 위해 손을 뻗으면 나뭇가지가 위로 올라가버려 영원한 갈
증과 허기에 허덕여야 하는 형벌을 받는다. 게다가 끊임없이 강물
에 휩쓸려갈 것 같은 불안에 떨어야 하고, 어깨에는 바위를 짊어지
고 있어야 한다.

　탄탈로스의 가장 큰 잘못은 신과 동등해지고 싶은 마음을 품
은 것이다. '내가 이렇게 하면 다 할 수 있다', '이 정도 하면 돼야 한
다'는 생각은 인간의 범위를 넘어서는 것이다. 우리는 최선을 다해
끊임없이 노력하다 보면 이룰 수 있다고 배웠다. 만약 이뤄내지 못
하면 절실하지 않았기 때문이라고, 절실함이 부족하니 노력을 덜
하지 않았느냐고 추궁당한다. 심지어 간절히 구하는 마음으로 최
선의 노력을 하지 않았다면 비난받아 마땅하다고까지 여긴다. 이
얼마나 오만하며, 폭력적인 강요인가.

"이것도 못 해?"

"뭐든 하려면 제대로 하고 끝장을 봐야지."

"한 문제만 틀리지 않았다면 만점인데, 좀 더 노력해."

"너는 한다고 했다지만 내가 보기엔 멀었다."

카렌 호나이는 경멸당한 느낌에 대한 보상으로 보복적인 승리

의 욕구가 커질 수 있다고 말한다. 스스로 약하고 한심하다고 느끼기 때문에 "그것이 성스런 느낌의 형태를 취하거나, 보다 무례하거나, 사랑스럽거나, 냉소적인 형태를 취하든 간에 그것을 통해 우월감을 느껴야 한다." 이렇듯 우월성에 대한 욕구가 커질수록 경쟁적이 되며 신경증을 앓게 된다는 것이다.

누구나 자기만의 한계라는 것이 있다. 그 한계의 종류는 사람마다 다르다. 반대로 누구나 자기만의 탁월성이 있다. 그것도 사람마다 다르다. 그러니 자신의 열등한 기능에 해당하는 분야라면 아무리 노력해도 잘 되지 않을 수 있다. 반대로 자신의 우월한 기능에 해당하는 일은 조금만 노력해도 큰 성과를 얻기도 한다. 이러한 자기이해의 분별없이 무조건 '하면 된다'고 나를 채찍질하는 일은 탄탈로스의 영원한 목마름과 허기짐의 형벌을 스스로에게 내리는 것이다.

노력하면 된다는 당위적 믿음의 늪

노력만 하면 된다는 당위적 믿음은 삶이 우리에게 주는 뜻밖의 선물을 기꺼이 받아들이지 못하게 한다. 내게 운이 따라서 좋은 일이 생기면 이건 나의 노력이 아닌 운일 뿐이니 진짜 내 것이 아니라며 행운을 기꺼이 맞아들이지 못한다. 그러면서 긴장과 불안의 끈을 더욱 조인다. 문제는 타인에게 일어나는 행운도 그렇게 바라본다는 것이다. 노력하지 않고 거저 얻은 것 같은 타인의 행운을 시기하고 질투한다. 인생은 내가 애쓴 것보다 더 줄 때도 있고, 내가 노력한 만큼 보상하지 않기도 한다.

당위적 사고는 반대로 아예 노력하지 않게도 만든다. '그래야만 한다'는 '그러면 안 된다'와 쌍을 이룬다. 이런 생각은 전부 아니면 전무All or Nothing라는 사고방식으로 확장되어 최고가 되든지, 아니면 아무것도 아닌 것으로 자신을 내몬다. '아무것도 아닌 것'이 되는 비참함과 두려움을 피하기 위해 나의 모든 행동에는 실수와 흠이 없어야 한다. 그렇지 못할 경우 자신을 쓸모없는 존재라고 여겨 자존감이 상하고, 좌절감에 깊이 빠져버린다. 자신이 목적한 바를 완벽하게 이루지 못하면 실패라 단정지어버린다. 그러니 실패를 디딤돌 삼아 새롭게 도전할 엄두를 내지 못하는 것이다. 남들이 인정하지 않거나 비판할까 봐 내가 먼저 나를 저평가해버리거나, 잘하지 못할까 봐 겁이 나 '별것 아니니 하지 말자'며 자신을 속이기도 한다. 그래서 완벽하게 하지 못할 바엔 시작도 하지 않으며, 내가 바라는 관계가 되지 못할 경우 관계를 아예 끊어버린다. 내가 원하는 사람을 만나지 못할 것 같으면 아예 사람 만나는 일을 포기해버리기도 한다. 결국 '보통'과 '중간'을 무시하고 양극단에서만 위태로운 줄타기를 하는 셈이다.

우리는 모두 약점이 있는 인간이다. 그런데 대부분의 사람이 나의 결점과 단점은 감추고 싶어 하고, 타인의 그것들은 지적하거나 고쳐주고 싶어 한다. 나의 것이든, 타인의 것이든 우리의 약점을 존재의 일부로 받아들이면 세상 살기가 훨씬 편해진다. '그래야만 한다'는 당위적인 생각은 연약한 인간의 마음속에서 나온 불안과 공포가 오히려 인간을 오만하게 만드는 모순된 결과를 낳는다. 그래야만 하는 것은 없다. 내 인생에서 일어나선 안 되는 일이란 없다. 반대로 내 인생에서 반드시 일어나야 하는 일도 없다.

"내가 무슨 죄를 지었기에!"
"다들 잘만 사는데 왜 나만⋯."

"어떻게 나한테 이럴 수 있어?"

"왜 하필 나야?"

불행에 빠진(혹은 그렇다고 생각하는) 사람들이 뱉어내는 신음과 울분에는 자기중심적인 당위가 녹아 있다. 불행이란 놈은 자신을 피해가야 한다는, 혹은 자신은 불행을 비껴가야 한다는 무의식적인 당위 말이다. 왜 나는 불행하면 안 되는가! 누구에게나 불행한 일은 일어날 수 있다.

나에게 소외되지
않는 게 먼저다 ───────────────

"하루에 세 번만 싸쇼! 뭔 놈의 똥을 여섯 번씩 싸요!"

영화 〈변산〉에서 선미는 아버지의 대소변을 받으며 병구완 중이다. 아버지가 "나 쌌다"며 엉거주춤 몸을 뒤틀 때, 선미의 인내의 줄이 툭 하고 끊어져버린다. 사실 선미는 사리가 밝고 심성이 곱다. 지금까지 아버지에게 지극정성이었을 뿐만 아니라 옆 침상의 친구 아버지도 측은지심으로 챙길 만큼 그야말로 '착한 딸'이다. 오죽하면 이런 딸이 아버지에게 대소변 수발하는 일의 고단함과 짜증을 드러냈을까. 선미의 그야말로 똥 씹은 표정과 찰진 사투리가 압권인 이 장면은 참 통쾌했다.

그리고 얼마 지나지 않아 선미의 발뒤꿈치도 못 따라가지만, 나도 어설프게나마 '나름의 당돌함'을 내보였다.

"엄마, 나 밥 먹을 때는 똥 얘기 좀 하지 마쇼."

내 사주팔자에 나오는 '효녀' 스펙트럼에 금이 가는 순간이었다. 엄마는 항암 부작용인 장 마비(장이 활동하지 못하고 유착되는 것) 때문에 힘겨워한다. 그래서 우리가 나누는 대화는 거의 엄마의 통증과 변비, 무엇을 먹고, 무엇을 못 먹었는지에 대한 것이다. 그러니 똥에 관한 얘기는 중요하고도 일상적인 주제이다. 그런데 엄마는 화장실 문을 열어놓고 볼일을 보며, 아무 때나 똥 얘기를 한다. 사실 나는 엄마가 화장실 문을 열어놓고 볼일을 보는 것도 싫고, 밥 먹을 때 똥 얘기를 듣는 것도 거북하다. 하지만 병든 엄마이니 내 불편함이나 거북함쯤은 감수해야 한다고 생각했다. 하지만 그날은 나도 모르게 저절로 그리 되었다. 나의 삐딱한 요청이 서운한 듯 아무 대꾸도 하지 않는 엄마에게 미안했다. 그래도 잘한 일이었다. 그렇지 않으면 나도 언젠가 선미처럼 짜증으로 불쑥 폭발하거나, 종로에서 뺨 맞고 한강에서 화풀이하게 되는 불상사가 일어날지도 모르니 말이다. 만약 내가 나의 감정과 욕구를 억압하며 엄마에게 잘 맞추기만 하는 딸 노릇을 계속하기로 했다면, 다음과 같은 일이 벌어질 게 분명하다.

― 엄마가 호소하는 문제를 모두 껴안을 수 있어야 한다는 생

각을 고수한다(완벽한 딸 콤플렉스, 착한 사람 콤플렉스).

— 내가 원하는 것을 요청하면 엄마가 싫어하거나 상처받을지 모른다는 생각에 엄마에게 나의 욕구를 표현하지 못한다. 부정적인 감정이 올라오면 회피한다.

— 하지만 나는 여전히 식사 중에 적나라하게 묘사되는 똥 이야기에 거북함을 느낀다. 또는 예전보다 더 강한 불쾌감을 느낀다(회피는 더 강한 생각과 더 강력한 감정을 불러오기 때문이다).

— 부정적인 감정이 강해질수록 엄마를 전적으로 받아줘야 한다는 다짐을 지키지 못하는 것 같아 자책이 든다.

— 엄마의 고통을 함께하지 못하고 나의 불편함을 감수하지 못하는 자신을 비난한다.

— 자책이 커질수록 나는 자책을 느낄 만한 상황을 다시 회피한다.

— 엄마와의 식사가 점점 불편해진다.

— 함께하는 식사 자리는 불안을 경험하게 될 가능성이 커지므로 나는 가능한 한 식사 자리를 피하게 된다.

— 엄마와의 관계가 더 소원해지고 나의 죄책감은 커져간다.

— 죄책감뿐만 아니라, 나의 감정과 욕구를 억압했기 때문에 분노와 피해의식도 커진다.

— 이런 과정을 겪는 동안 나는 나로부터 소외되며, 나의 삶은 유배된다.

당장의 미안함이나 불편함을 겪지 않기 위해 참기만 하면 표면적으로는 갈등이 없는 것처럼 보인다. 하지만 이런 대책은 결코 장기적으로 효과가 없다. 감정과 욕구를 통제하고 억압하면 그것들은 폭발적인 힘을 얻게 되는데, 다시 그것을 막기 위해서는 더욱 큰 자기통제가 필요하다. 이런 과정은 결국 고통과 괴로움을 낳는다. 자기 자신에게도, 관계에도, 사회에도 도움이 되지 않는다. 그래서 나는 완벽하게 수용적인 보호자가 되기를 포기했다. 엄마가 언제든 내 경계를 들락날락하던 '열린 문'을 버리고, 대신 '열고 닫을 수 있는 문'으로 교체하기로 했다. 이것은 나에게 정당한 일이며, 장기적으로 우리 관계를 위해 더 바람직한 선택이다. 그것이 때로는 사랑하는 사람에게 실망과 상처를 준대도 말이다. 완벽하게 갈등 없는 관계는 불가능하다. 만약 가능하다면 일방적이거나 위

압적인 관계에서뿐이다.

그리스 신화의 프로크루스테스는 지나가는 행인을 붙잡아 철로 만든 침대에 눕힌다. 그 사람의 키가 침대보다 작으면 침대 길이에 맞춰 사지를 늘려 죽이고, 키가 침대보다 크면 그만큼 신체를 잘라내 죽였다. '프로크루스테스의 침대'라는 명제로 유명한 이 이야기는 자기 기준에 맞춰 타인을 조종하는 사악함을 상징적으로 묘사한다. 이를 우리 내면에서 일어나는 일에 적용해보자. 우리 마음 안에 스스로에게 이런 악행을 저지르는 내면의 프로크루스테스가 있다면?

결국 '꼭 맞지 않음'을 허용하지 않는 프루크루스테스의 침대는 구속의 틀이 된다. 침대에 내 머리와 발치가 꼭 맞게 누워 있는 것이 편안하겠는가. 침대 머리맡과 발치에 여유 공간이 있는 것이 편안하겠는가. 당연히 침대 어중간한 곳 어디에 누워도 공간이 남고 여유가 있어야 편안할 것이다. 이것이 중간과 애매모호함의 미덕이자 자유로움이다.

완벽하게 다정한 연인, 완벽하게 맞는 배우자, 완벽하게 좋은 부모, 완벽하게 해내는 일꾼을 원하는가. 완전하게 이해하고, 완전하게 소통하며, 완전하게 연결되는 관계를 꿈꾸는가. 완전함이란 넘침이나 부족함이 없는 딱 들어맞는 상태다. 컵에 물이 그렇게 차 있다고 생각해보자. 어디 살짝 건드릴 수나 있겠는가. 물이 조금이라도 비어 있어야 컵을 들기도, 물을 마시기도 수월하다. 완전함은 우리를 아프게 한다. 어떠한 바이러스도 없는 완벽하게 깨끗한 환경에서는 면역력이 사라지고, 생명을 유지할 수조차 없다. 완벽히 들어맞아야 하는 프로크루스테스의 침대에서 그 누구도 살아남을 수 없는 것처럼.

내 삶의 독립성과 자발성이 우선이다

우리는 누구에게나 완벽하게 잘해줄 수 없으며, 상대의 바람에 꼭 맞출 수도 없다. 그러니 나도 모르게 상대에게 상처를 줄 수도 있다. 나도 마찬가지로 세상 모든 사람들에게 사랑과 인정을 받을 수 없기에 실망과 좌절을 겪을 수 있다. 우리는 원하는 것을 하기보다, 원하지 않는 일이 일어나지 않도록 하기 위해 사는 것 같을 때가 있다. 마치 불가능한 일을 가능하게 하기 위한 생사 게임처럼 말이다. 내가 기대고 있는 벽은 원래 비스듬한데, 그걸 바로 세우겠다고 온 힘을 다해 벽을 밀어붙이고 있는지도 모른다. 완벽한 수평과 수직은 십자가가 될 뿐이다. 지구도 23.5도 기울어진 채로 돌아간다.

　　다른 사람이 내게 요구하는 어떤 것을 내가 잘할 수 있는 일이 아닌데도, 혹은 내가 원하는 것이 아닌데도 당연히 '해야만 한다'고 생각하고 있지는 않은가? 내 마음속 깊은 곳에서는 부모와 분리되어 내 인생을 살고 싶어 하면서도, 자식 된 도리로 당연히 내가 부모 옆에서 책임져야 한다고 자신을 설득하고 있지는 않은가. 부모 입장이라면, 장성한 자녀를 독립시켜야 함에도 불구하고 '아직 학생이니까', '벌이가 시원찮으니', '결혼할 때까지' 같은 핑계를 대며 붙들고 있지는 않은가. 모두 사회적 규범과 관습이 정한 틀과 역할에 나를 꿰어 맞추는 일이다. 심리적으로는 나의 죄책감이나 보상심리, 애착욕구 때문일 수 있다. 하지만 역할 이전에 내 마음의 형편이 우선이다. 나의 현실적·심리적 형편보다 역할이 우선되면 그것은 체면치레나 허례허식, 가면놀이가 될 뿐이다. 그러니 형편이 안 되면 역할도 유연하게 고려해야 한다. 또한 타인을 향한 책임이나 의무 이전에 내 삶의 독립성과 자발성이 우선이다. 이것은 자기중심적인 것이 아니라, 남 탓하며 살지 않겠다는 선언이며, 내 인생을 책임지고 사는 주인의 태도이다.

우리는 그렇게 미미하고 하찮은 존재가 아니다. 반대로 그렇게 특별하고 완벽한 존재도 아니다. 타고난 그릇만큼의 근기根氣를 갖고, 노력하는 만큼의 근기를 키워가는, 움직이고 변화하는 존재일 뿐이다. 정해져 있는 것도 없고, 고정된 것도 없고, 그리해야만 하는 것도 없다. 흠 없는 역할 게임에 빠질수록 진정한 자신에게서 멀어지게 된다. 대립과 충돌, 불화와 갈등이 없는 관계를 위해 상대에게 얽매일수록 나의 내면은 소외와 외로움으로 뒤얽히게 된다. 관계가 소원해질지언정 자기 자신에게서 소외되지 않는 사람은 외부로 드러나는 갈등에 나부끼지 않는다. 그러니 안심하자. 나 자신을 붙들고 타인과의 경계를 지키고 살면 가끔 쓸쓸할 순 있어도, 나의 뿌리가 뽑혀 나가지는 않는다.

타인을, 나를
혐오하지 않으려면 _____

앞에서는 나의 경우를 중심으로 부모를 향한 완벽히 좋은 자식의 허구성에 대해 이야기 나눴다. 이번에는 부모가 자식을 위해 되려는 좋은 부모상이라는 것도 마찬가지라는 걸 이야기하려 한다. 이 경우는 오히려 문제가 더 심각할 수 있다. 완벽히 좋은 부모임을 증명해야 하는 사람이 바로 그 자녀들이기 때문이다.

사랑하면서도 동시에 미워할 수 있다

드라마 〈SKY 캐슬〉 얘기를 해보자. 차민혁은 우리 사회 계급으로 상징되는 피라미드 꼭대기에 올라가는 것이 성공이라며 애들을 닦달한다. 물론 그는 피라미드 꼭대기로 아이들을 인도하는 자기 역할이 최선이자 최고의 부모상이라 여긴다. 당연히 아이들은 자기 아버지를 싫어할 뿐 아니라, 몸과 마음이 짓눌려 있다. 그런데 우양우의 집은 캐슬의 다른 집과 분위기가 약간 다르다. 아이에게 마구잡이로 피라미드를 향해 직진만 하라고 가르치지 않는다. 그래서 우양우의 아이는 자기 아버지를 좋아하며, 자기는 피라미드 중간에 있겠다고 담담하게 말할 수 있다. 피라미드 꼭대기에 있는 사람과 중간 어디쯤 있는 사람 중에 과연 누가 더 행복한 삶을 살까? 물론 정답은 없다. 하지만 적어도 하나는 명쾌하게 알 수 있다. 그것은 드라마에 나오는 부모들이 직접 밝히고 있다. 이미 피라미드 꼭대기 가까이에 있는 그 부모들이 전혀 행복하지 않은 모습으로 비춰지고 있다는 거다.

정신분석학자인 바바라 아몬드Barbara Almond는《어머니는 아이를 사랑하고 미워한다》에서 완벽한 어머니가 되려는 것이 얼마나 위험한 일인지 경고한다. 그 위험성은 "뱀파이어형 어머니 노릇"부터 "자녀 살해"까지 이어진다. 저자는 완벽한 어머니가 되기 위해 '어머니의 어두운 면'을 떨쳐내려고 하지 말고 어머니 마음 안에 있는 양가감정을 수용해야 한다고 조언한다. (저자는 아이와 관계하는 주체를 어머니로 제한했지만, 이 책에서 나오는 어머니란 말은 모두 '양육자'로 이해하는 것이 좋겠다.)

양가감정이란 어떤 사람이나, 목표, 욕망을 향해 사랑과 미움 모두를 느끼는 감정을 뜻한다. 그리고 이 양가감정은 결코 잘못된 것이 아니라, 인간이 갖는 불가피하면서도 지극히 자연스러운 감정임을 강조한다. 어머니가 아이를 사랑하면서도 성가시게 느끼거나, 질투가 나거나, 아이 존재 자체를 두려워하거나, 아이나 육아에 대한 거부감이 드는 것은 보편적인 일이다. 나도 불행에 빠져 있을 때는 아이가 나를 갉아먹고 있는 것처럼 느낀 적이 있다. 많은 양육자들이 이런 감정과 맞닥뜨릴 때 절망과 죄책감, 자기혐오, 심하면 자기 징벌적인 행동으로 이어지기도 한다. 우리가 할 일은 그저 양가감정을 이해하고 받아들이는 것이다. 내 안에서 생겨난 감정을 받아들이면서 자식을 향한 사랑도 되새기면 된다. 우리는 누군가를 사랑하면서도 미워할 수 있고, 미워하면서도 사랑할 수 있다.

나의 양가성을 끌어안자

사람 마음이라는 게 어느 한편으로 치우치면 억압된 반대쪽은 반드시 보상을 요구하게 되어 있다. 어떠한 의도든 꼭 반대되는 효과를 만들어낸다는 뜻이다. 착한 사람으로만 살면 '착함'과 대립되는 성향들은 마음 밖으로 쫓겨나게 된다. 그렇게 배척당한 성질들은 사라지는 것이 아니라, 더 막강한 힘이 되어 우리 마음과 관계와 영혼을 망친다. 사실 이런 경우는 극단적인 형태로 종종 드러난다.

가장 비극적인 결과는 자살일 것이다. 그동안 참고 견디느라 힘들었다는 유서를 남기고 자살한 학생이 주변에서는 좋은 평을 받고 공부를 잘하고 성실한 모범생인 경우가 많다. 이런 경우도 있다. 치매병동에서 '진상'으로 소문난 할머니가 있는데, 간호사와 요양보호사는 물론이고 다른 많은 환자들도 고개를 내두른다. 그 할머니는 주변 사람들을 하인 부리듯 하며, 온갖 쌍욕을 해대고, 뭐든 자기 마음에 안 들면 야단스럽게 소동을 일으킨다. 알고 보니 평생 목사 사모님으로 '거룩'하고 '우아'하게 살던 분이었다. 목사인 남편을 완벽히 내조하기 위해, 자녀들을 목사 아이들답게 키우기 위해, 그리고 우리 사회에서 목사 사모에게 요구하는 역할과 기능을 잘 해내기 위해 참 많이 애썼을 것이다. 그러면서 이외의 성질들은 꾹꾹 억눌렀을 것이다. 그렇기 때문에 무의식 상태에서 '내 마음대로' 하려는 자기중심성이 발휘되었을 가능성이 크다.

다시 한번 상기하자. 내가 규정한 어느 한쪽의 바람직한 면만이 '나'라고 여기는 것은, 반대편에 있는 반쪽의 '나'를 내다버리는 일이다. 우리 안에는 선함과 악함, 사랑과 적개심, 고결함과 천박함, 관대함과 공격성 등 모두가 있다. 양쪽의 성질을 모두 마음껏 드러내고 살아야 한다는 게 아니다. 그저 알고, 내 것을 나의 밖으로 퇴출시키지 않으면 된다. 나의 양가성을 끌어안는 건 나를 사랑하는 일이 된다. 그리고 '내가 내다버리고 싶은 것'을 남들에게 투사하면서 타인을 혐오하지 않을 수 있다.

중간과 애매함을 견뎌보자. 여기서부터 저기까지 줄 긋고 살면 테두리에 갇힌다. 결점과 하자, 부족함과 모자람이 없는 곳으로 치달으면 언젠가 체하고 얹힌다. 중간과 애매함을 조금 버텨보면 삶의 묘미를 느끼게 될 것이다. 묘미, 미묘한 맛! 알쏭달쏭한데 신기하고도 저절로 끄덕여지는 것. 이것도 아니고 저것도 아닌데 뭔지 모르게 풍성하고 족한 것. 덕현 스님이 들려준 이야기가 떠오른다. 어떤 초보 귀농자가 콩을 언제 심어야 할지 알아보는데, 책마다 알려주는 시기가 다르더란다. 그래서 동네 어르신께 물었더니 별것 아니라는 듯, 이렇게 말하더란다.

"흰콩은 감꽃이 필 즈음 심고, 검은콩은 감꽃이 질 때 즈음 심으면 되는 거여."

자식이나 부모 역할이라는 것도 정해진 매뉴얼이 있을까. 그 집안 토양에 따라 감꽃이 피고 지는 시기가 다를 것이다. 좋은 자식 혹은 좋은 부모라는 모범은 허상일 뿐만 아니라 억지스럽기까지 하다. 실수도 좀 하고, 부족한 면도 있고, 빈틈도 있는 것이 보통의 인간적인 상태다. 빈틈이 있어야 숨을 쉴 수 있는 것처럼 마음에도 여백에 있어야 세상의 것들이 들고 날 수 있다.

8 장

경계선 세우기

나를 지키는 법

거절,
나의 자존을 지키는 일 ——————————

수정 씨는 돈을 빌려주거나 보증을 서서 떼인 돈이 자그마치 1억 원 가까이 된다. 그 돈을 모두 남편이 갚아줬기 때문에, 남편에게 반성하는 기미라도 보여야 한다. 그래서 남편의 권유로 착한 사람을 위한 치유 프로그램에 참여하게 됐다. 형편이 좋은 편인 수정 씨에게 친구들은 너도 나도 돈을 빌려달라고 했다. 그때마다 수정 씨는 사정이 딱한 사람들의 부탁을 거절할 수 없어서 매번 남편 몰래 돈을 해줬다. 돈을 꿔간 사람들은 하나둘 두문불출했고, 거의 모든 돈을 돌려받지 못했다. 차용증이나 공증 같은 건 생각조차 하지 않았다. 수정 씨는 거절이 세상에서 제일 무섭고 싫다.

"그러니 내가 어떻게 거절할 수 있겠어요. 못 하겠어요. 지금도 누가 힘든 얘기를 하면서 돈을 꿔달라고 하면, 다른 데 알아봐서라도 또 꿔줄 것 같아요"라고 말한다.

수정 씨는 자라면서 엄마에게 '너 때문에'라는 말을 수도 없이 들었다. 엄마의 원치 않는 결혼도, 부모의 불화도, 엄마의 불행도, 동생의 비행도 모두 '너 때문'이었다. 그녀는 양육자에게 안전하고 따뜻한 보살핌을 받기는커녕 자기 존재 자체를 골칫거리, 문젯거리로 취급당했다. 어느덧 수정 씨는 자기 자신에 대한 뿌리 깊은 수치심을 갖게 되었다. 이럴 때 우리는 수치심이라는 위협적인 감정으로부터 자신을 보호하기 위한 장치를 고안해낸다. 바로 타인이 자신에게 원하는 것이 무엇인지 살피는 레이더다. 그리고 이 레이더의 성능이 발달할수록 순종적인 사람이 된다. 왜냐하면 이 레이더는 거부당하거나 비난받을 상황을 피하기 위해, 타인의 욕구나 기분을 민감하게 살피면서 그에 맞춰 반응하기 때문이다. 바로 타인지향성이 강화되는 것이다. 이렇게 타인의 기분과 요구를 살피는 레이더를 갖고 타인지향성을 떨치고 살면 일시적으로는 위협적인 상황이나 갈등으로부터 나를 보호할 수 있다. 하지만 이런 태도가 장기적으로 지속되거나, 일반적인 관계에서도 반복된다면 아예 특정한 심리구조로 내재화된다. 그러면서 점점 내가 원하는 것을 나조차 모르게 되고 자신을 잃어버린다.

거절은 자기표현이자 자기주장이다

수치심이 내면화됐다면 건강한 자기애가 형성되지 못했다는 의미이다. 건강한 자기애가 형성되는 과정은 이렇다. 유아는 자신의 요구에 즉각적으로 반응하는 보살핌과 무조건적인 수용의 경험을 필요로 한다. '내가 울면 양육자가 바로 기저귀를 갈아주고, 배고플 땐 먹여주고, 따뜻한 손길이 필요할 땐 안아주더라' 하는 경험을 할 때 양육자와 자신이 하나라는 환상이 충족된다. 이런 환상은 '내가 원하는 건 다 할 수 있고, 내가 제일'이라는 전능감을 갖게 한다. 그러면서 '나는 특별하고 소중한 존재'라는 자기애가 형성된다. 이렇게 건강한 자기애는 안정적인 애착을 통해서 만들어진다. 안전하게 받아들여지는 경험을 통해서 세상을 신뢰하게 되며, 나는 사랑받을 만한 존재라는 걸 믿을 수 있게 된다.

건강한 자기애가 형성되어 있으면 그 내면의 힘으로 살면서 겪는 실패와 좌절, 갈등과 고통을 이겨낼 수 있다. 내적인 힘이란 자신의 몸과 마음을 훼손시키지 않고, 자신과 세상을 객관적으로 바라볼 수 있는 능력이다. 무조건 나의 잘못이라고 생각하거나 무조건 남을 탓하는 게 아닌, 좋지 않은 상황이나 나 자신의 부족함을 있는 그대로 본다. 건전한 자기애가 형성되지 못한 경우, 위험하고 믿을 수 없는 세상에 나의 취약함과 부족함을 드러내면 더 큰 위험에 직면하고 상처받을 수 있다는 불안 속에 산다. 최대한 자신을 드러내지 않고 남들을 따라가거나 남들에게 맞추는 것을 최선으로 삼는다. 수정 씨도 내면화된 수치심과 거절의 공포가 자기를 포기하고 타인에게 의존하는 순종적인 성향을 키우게 했다. 당연히 자기표현과 자기주장을 하는 것이 어렵고, '너'와 '나'가 공존할 수 없는 '너'만 존재하는 세상에 살게 되었다.

순종적인 경향이 강한 착한 사람들은 대개 자기주장을 하는 것을 어려워한다. 자기노출을 하지 않으면 수치심과 연약함을 숨길 수 있기 때문이다. 그리고 무리에서 튀는 일을 삼가면서 소속을 잃게 되거나 외톨이가 되는 일도 피할 수 있다. 모두 자기주장과 자기표현을 하지 않을 때 얻게 되는 이득이다. 하지만 이러한 이득은 일차원적일 뿐이다. 이런 '자아 상실'의 상태가 성인이 되어서도 지속되면 내가 사는 곳이 어디이고, 내가 왜 사는지 알 수 없게 된다. 흔한 예로 자기표현, 자기주장에 취약한 사람들, 즉 자기확신이 부족한 사람들은 "남들도 그러지 않나요?", "남들도 다 그렇게 생각하지 않나요?"라는 말을 자주 한다. 이들은 자기 생각보다 남의 생각이 더 중요하고, 내 삶을 사는 것보다 튀지 않고 미움 받지 않는 안전한 상태를 더 중요시한다. 그러면서 '남들도 그러지 않냐'는 질문으로 내가 책임지지 않아도 된다는 것을 확인하려 든다.

나는 이쯤에서 우리가 가장 어려워하는 '거절'이라는 주제를 자기표현, 자기주장과 연결해서 짚어보려 한다. 나의 가치와 신념에 반할 때 "나는 그렇게 생각하지 않아요. 동의하지 않습니다"라고 말하는 것, 내가 원하지 않거나 좋아하지 않는 일에 "싫어요. 내가 원하는 것은 이것입니다. 미안하지만 사양하겠습니다"라고 말하는 것, 거절의 형식을 취하는 자기표현이자 자기주장이다. 이는 나의 자존감을 지키는 일이며, 때로는 스스로의 안전 그리고 지켜야 할 소중한 것들을 보호한다. 수정 씨도 친구들의 부탁을 무리해서 들어주지 않았다면, 즉 그들의 요청을 나는 '안 된다', '못 한다'고 거절할 수 있었다면 집안의 화목과 재산을 지킬 수 있었을 것이다.

제때 제대로 거절하지 못한다면

내 생각과 주장을 전달하는 거절을 하지 못한다면, 더는 순종의 차원이 아닌 복종의 수준으로까지 내몰릴 수 있다. 스탠리 밀그램Stanley Milgram의 유명한 심리 실험인 '권위에 대한 복종'에 그 위험성이 여실히 드러난다.

연구팀은 '처벌이 학습에 미치는 영향'에 대한 실험에 참가할 사람들을 모았다. 참가자들은 '선생'과 '학습자'의 역할로 나뉜다. 학습자는 의자에 앉아 있고, 양팔은 의자 팔걸이에 묶인 채, 손목에는 전극봉이 붙어 있다. 이를 확인한 선생은 다른 방으로 옮겨간다. 선생은 실험 주관자(권위자)와 한 방에 있게 된다. 그러나 사실 처벌을 받는 학습자는 연기자고 실제로 처벌은 가해지지 않는다. 그러니까 처벌이 학습에 미치는 영향이란 주제는 가짜이고, '선생'이 어떻게 권위에 복종하게 되는지를 보려는 게 이 실험의 진짜 목적이다. 선생은 학습자가 답을 못 맞히면 학습자에게 전기충격이라는 처벌을 가해야 한다. 전기충격은 15볼트에서 시작해 틀린 답을 말할 때마다 역시 15볼트씩 전기량이 증가하고 최종 450볼트까지 설정되어 있다. 전기충격이 강해질수록 학생 역할을 하는 연기자의 고함과 비명도 크게 들려온다. 선생 역할의 피험자들은 "이거 계속 해도 되는 겁니까?", "더는 못 하겠어요"라며 괴로워한다. 하지만 하얀 가운을 입고 있는 박사이자 권위자인 실험자는 "괜찮다. 걱정 말고 계속 전압을 높여라. 모든 일은 내가 책임진다"며 계속 지시 한다.

스탠리 밀그램은 이 실험을 설계할 때 150볼트 정도가 되면 피험자들이 실험중단을 요구하고, 불참 의사를 밝힐 것이라고 예상했다. 그래서 450볼트까지 전기충격을 가할 사람은 0.1퍼센트 정도 될 것이라고 가정했다. 누구도 단 4달러를 받고 사람을 죽일 수 있는 일을 하지 않을 것이라고 생각했기 때문이다. 하지만 실제 실험에서는 예상치 못한 놀라운 일이 벌어졌다. 전압이 높아져갈수록 선생들은 고통에 무감각해져갔다. 300볼트가 넘어가면서는 '이래도 되는 건가요?' 하는 의혹조차 점점 줄어들었다. 결과는 선생 역할을 한 피험자 중 3분의 2에 해당하는 65퍼센트가 인간의 몸에 치명적인 손상을 입힐 수 있는 450볼트짜리 전압 버튼을 눌렀다. 결국 밀그램은 피험자에게 심리적 외상을 줄 수 있는 비윤리적인 실험을 했다는 비판을 받고 해임되었다. 하지만 이 실험은 지금까지도 권위와 복종에 대한 인간 심리를 파악한 세기적인 실험으로 회자되고 있다.

밀그램은 저서 《권위에 대한 복종》에서 피험자들이 그런 행동을 할 수 있었던 요인을 몇 가지로 분석한다. 먼저 피험자들이 약속을 지키려고 했으며 그걸 깨기 어려웠을 것이라는 점이다. 바로 '착한 사람'들의 특성이다. 그리고 그들의 이러한 순응적인 태도가 권위자에게 벗어나려는 결심을 방해하며, 갈등으로 인한 긴장을 줄이는 데 기여한다고 보았다. 결국 피험자들이 450볼트의 전압버튼을 누를 수 있었던 것은 그들 각자의 분노나 공격성 때문이 아니라, 권위자와 맺고 있는 관계의 본질에 있다고 파악한 것이다. 즉, 권위에 복종한다는 것은 자신의 통제력을 행사하지 못하고 스스로를 권위자에게 위임하며, 권위자의 소망을 실행하기 위한 대리자나 도구가 되는 것이다.

과연 나는 이 65퍼센트에서 예외일 수 있을까? '싫다, 안 된다. 하지 마라, 멈춰라' 같은 거절의 자기표현을 적절히 할 수 있었을까? 누구도 예외라고 장담할 수 없다. 그러니 나를 짓누르는 외부의 힘에 낚이지 않도록 정신을 똑바로 차리고 나를 꽉 붙들 수밖에 없다. 누군가 나에게 위해를 가할 때 당당히 거부의사를 밝혀야 하며, 혼자 힘으로 안 된다면 도움을 요청해야 한다. 싫다고 해봤자 소용없을 거라고 생각하면서 무력감에 빠지지 말자. 위 실험에서도 비슷한 상황이 있다. 300볼트가 넘어가면서는 사람들이 자신의 통제력을 스스로 철회하고 상황에 무력하게 복종했다. 이런 게 바로 '학습된 무기력'이다.

내가 어떤 노력을 해도 소용없을 거라는 생각은 무력감이 만들어낸 마음의 장난일 뿐이다. 물론 학습된 무기력에 지배당하면 능동적으로 사고하고 움직이기가 어렵다. 하지만 과거에 붙들리지 말고 지금 일어나는 현상을 똑바로 보자. 아기 때 발목에 쇠사슬이 채워진 코끼리는 어른이 되어서도 한쪽 발에 채워진 사슬과 말뚝을 제거하지 못한다. 발로 한 번 툭 차면 떨어져나갈 말뚝이다. 우리는 더 이상 아기 코끼리가 아니다.

내 인생인데,
정작 내가 없었다 ————————————

지윤 씨는 주변 사람의 한탄과 불만을 모두 받아준다. 그녀의 엄마, 동생, 친한 친구들 모두 그녀에게 '들러붙어' 있다. '아파 죽겠다. 그 인간 때문에 속 터져 미치겠다. 일이 잘 되지 않아 짜증나 돌아버리겠다' 하는 등의 이야기를 본인들이 세상에서 제일 힘든 양 지윤 씨에게 모두 쏟아내는 것이다. 지윤 씨는 이제 그들의 신세 한탄을 들어줄 힘도 없고 지긋지긋해졌으며 화가 나기 시작했다. 가슴이 답답해 죽을 것만 같다. 그들의 목소리조차 듣기 힘들다. 그런데 '받아주기'를 멈출 수가 없다. 지윤 씨는 "내가 아니면 그들은 어디 가서 말할 데가 없으니까 계속 들어줘야 할 것 같다"며 죄지은 사람처럼 고개를 떨군다.

지윤 씨를 만난 지 2년이 되었다. 처음 만났을 때보다 밝아지긴 했지만 여전히 그녀는 어딘가에 갇혀 있고, 무언가를 애써 짓누르고 있는 것처럼 보인다. 음성은 힘이 없고 가늘게 떨린다. 얘기를 할 때마다 매번 눈물을 흘리지만 울음을 터뜨리진 않는다. 지윤 씨는 자신의 감정이 정확히 어떤 것인지 잘 파악하지 못하고, 질문을 하면 "잘 모르겠다"는 대답을 가장 많이 한다. 자신이 어디에서 무엇을 하며 살고 있는지 모르는 상태다. 특히 안타까운 점은 지윤 씨를 가장 힘들게 하는 사람은 엄마인데, 엄마의 불평하는 소리가 정말 듣기 싫으면서도 결국엔 엄마를 감싸며 이해하려고 애쓴다는 거다. 엄마에게 정서적 독립을 선언하면 엄마가 더 힘들어할 거라고 믿고, 자기마저 엄마를 힘들게 하고 싶지 않다고 한다.

내담자와 마주할 때 나는 그가 하는 '말'에 귀 기울이지만, 그보다 언어 밖으로 새어 나오는 고통의 신음과 공명하길 원한다. 지윤 씨가 내는 신음은 이상하게도 내 가슴을 먹먹하게 했다. 내 문제와도 연관이 있기 때문이었다.

나를 설명하는 단어가 없다는 것

내가 내담자로 심리상담을 받을 때였다. 엄마에 대한 애증 문제를 주로 이야기했는데, 나 혼자 엄마와 나의 역할을 번갈아 가면서 두 사람의 생각과 감정을 표현해보는 시간이었다(빈 의자empty chair 기법). 먼저 나는 엄마가 되어 맞은편에 앉아 있는 보이지 않는 나에게 말하기 시작했다. 네가 어떻게 하길 바라는지, 내가 원하는 것이 무엇인지, 어떤 점이 걱정되는지, 너의 어떤 점 때문에 화가 나는지, 네가 어떻게 해줄 때 기쁘고 행복한지, 앞으로 네가 어떻게 해줬으면 좋겠는지, 마치 빙의된 사람처럼 엄마의 입장에서 말했다. 빙의된 엄마는 막힘없이 나를 어르고 달래며 할 말을 쏟아냈다. 다음은 진짜 내가 되어 맞은편에 엄마가 앉아 있다고 가정하고 엄마에게 말을 할 차례였다. 몇 분쯤이나 침묵했는지, 결국 몇 마디라도 말을 하긴 했는지는 기억이 나지 않는다. 나는 내가 원하는 것이 무엇인지도 몰랐고, 나의 감정을 느끼지 못했다. 엄마 앞에서는 내 언어가 사라진다는 것을 그때서야 알게 되었다. 기가 막히도록 당혹스러웠고 뜨거운 슬픔이 차올랐다.

　　나는 '감정표현 불능증Alexithymia'이었다. 자신의 정서를 식별하고 묘사할 수 없는 상태를 말한다. 이 용어는 1970년대, 심리학자 피터 시프너Peter Sifneos와 존 느마이어John C. Nemiah에 의해 소개되었는데, 이 신조어의 조합이 꽤나 울림이 크다. 그리스어로 '단어'를 뜻하는 'lexi'와 '영혼'을 일컫는 'thymos'이라는 단어에 '부정'의 의미가 있는 'a'가 결합된 말이다. 풀이하면 '영혼을 설명하는 단어가 없다'라는 뜻이 된다. 심리상담을 받던 그때의 나는 정확히 '영혼을 설명하는 단어'를 갖지 못했다. 감정표현 불능증의 주요 원인은 경험을 회피하는 데 있다. 불안과 공포 같은 부정적인 감정들을 피하기 위한 가장 편리한 방법은 그것들이 생겨날 상황을 피하거나, 이미 일어난 감정을 무시하는 것이다. 물론 이렇게 되면 결국 아예 감정을 자각하거나 표현할 수 없어진다. 이는 곧 자아가 사라져버린 상태이다.

엄마와 동일시되어 있고 정서적으로 융합되어 있던 그때의 나도 아예 자아가 없었다고 볼 수 있다. 엄마의 표정이 조금이라도 굳어 있거나 말투가 차갑다고 느끼면 나는 곧장 얼어붙곤 했다. 그리고 엄마가 기분이 좋으면 나도 좋았다. 너무나 신기하게도 엄마의 감정이 고스란히 내 영혼 안으로 빨려 들어오는 것 같았다. 사랑과 인정을 받기 위해 엄마의 필요와 요구를 맞춰주다 보니 나의 감정과 욕구는 억압되었고 결국 그것이 무엇이었는지조차 알 수 없게 된 것이다. 지윤 씨가 자기 감정에 이름을 붙이지 못하거나 자신의 생각을 묻는 질문에 답하기 힘들어하는 것도 마찬가지이다.

타인의 결핍을 채우기 위한 도구가 될 것인가

실존주의 심리치료를 제창한 어빈 얄롬Irvin D. Yalom은 이런 상태를 자아경계ego boundary라는 용어로 설명한다. 인간은 실존적인 소외의 고통에서 벗어나려고 다양한 방법을 시도한다. 그중 자아경계를 약화시켜 타인과 구별 없이 하나가 되거나(융합confluence), 다른 사람에게 녹아들어 가려고(함입incorporation) 하는 것이 대표적인 방법이다. 그래서 결국 인간은 자신이 더 크고 소중한 존재로 느끼기 위해 일정 부분 타인이 필요하다. 그 타인의 중요도가 필요 이상으로 커지다 보면 역으로 타인의 결핍을 채우기 위한 도구가 될 수 있다. 얄롬은 이런 관계는 성장을 억제하고 실존적 죄의식을 불러낼 뿐이라고 말한다.

지윤 씨 역시 자신을 감정의 배설구로 이용하는 타인들에게서 벗어나 자신을 보호해야 하지만, 그녀는 자신을 옹호하는 것에 죄책감을 느낀다. 엄마와 정서적으로 융합되어 있어 엄마의 결핍을 채우기 위한 도구가 되기를 거부하는 일이 죄의식을 불러냈다. 그래서 정서적 융합의 지독한 끈끈함을 제거하고 자아경계선을 견고히 하기 위해서는 감정을 다루는 일이 우선되어야 한다.

가족치료사 존 브래드쇼는 자아경계선을 "내면의 공간을 보호하는 자아의 울타리"라고 표현한다. 그는 자아경계선을 강도에 따라 세 가지로 구분한다. '튼튼한 자아경계선'은 집주인에 의해서 안에서만 열릴 수 있는 문과 같고, '약한 자아경계선'은 자물쇠가 없어서 밖에서도 열 수 있는 문과 같으며, '무너진 자아경계선'은 문이 하나도 없는 집과 같다는 것이다. 심리치료를 받을 당시의 나와 지윤 씨 모두 '문이 없는 집'처럼 무너진 자아경계선을 갖고 있었다. 내 집을 아무나 내 허락 없이 들락거릴 수 있도록, 손잡이는 고사하고 문조차 없는 집이라면 정서적인 학대에 무방비로 노출되어 있는 상태와 같다. 절대적으로 지지받아야 할 어린아이가 의존의 욕구를 무시당한 채 거꾸로 어른을 정서적으로 보살핀다면, 그아이는 외로움과 소외를 경험하며 높은 수준의 불안을 느낀다. 이런 소외와 불안을 회피하고 스스로의 행동에 정당성을 부여하기 위해 '희생자'나 '영웅' 같은 거짓 자아가 만들어지기도 한다. 이런 자아 상실의 불행은 돌고 돌게 마련이다. 하지만 고통을 줄이는 방법은 분명히 있다. 내면의 공간을 보호하는 자아의 울타리를 견고하게 다시 만들면 된다. 그러기 위해선 그동안 살던 문 없던 집을 떠나 그곳과 잘 이별해야 한다.

있는 그대로의 내 슬픔 애도하기

당시 나는 큰 슬픔을 마주하며 애도하는 시간을 가졌다. 나 없던 내 인생을 보내기 위해 묵도하며 충분히 아파했다. 울기도 참 많이 울었다. 화가 나서 울고, 억울해서 울고, 서러워서 울고, 가여워서 울고, 하다못해 그 시절을 보내기 싫어서 울기도 했다. 애도는 소중한 것을 잃은 슬픔을 삶의 한 부분으로 받아들이는 일이다. 슬픔이 여기 있다고 말하는 소리에 귀를 기울이며 슬픔의 모양을 봐주고 무게를 느끼는 일이다. 그렇게 슬픔에 머무르다 보면 어느덧 슬픔이 이제 됐다며 나에게 작별 인사를 건네 온다. 30년을 '문이 없는 집'에서 엄마의 정서가 내 것인 줄 알고 살던 나는 서서히 나만의 울타리를 지어내기 시작했다. 그때 연습했던 과정들을 나누고 싶다.

먼저, 나의 욕구를 자각하려고 노력한다. 명료하고 완성된 문장을 스스로에게 건네는 것이다.

"나는 지금 혼자 있고 싶어."

"울고 싶어."

"말하고 싶지 않아."

"웃고 싶지 않아."

그런 뒤 그 욕구를 털어놓은 나에게 어떤 판단과 비난, 죄의식 없이 그렇게 할 것을 허락해준다. 이 연습은 나를 위한 일과 타인의 기대에 부응한 일을 구별하는 데 도움이 된다.

동시에 감정에 이름을 붙여본다. 감정에 이름 붙이기란 말 그대로 단순하게 지금 내 안에 있는 것을 감정 단어로 표현해보는 것이다. 순간순간 올라오는 감정마다 이름을 붙이려면 매 순간 깨어 있어야 한다. 물론 말처럼 쉬운 일은 아니다. 명상에 익숙한 사람이라면 내 안에 지금 흐르고 있는 것이 무엇인지 자각하기가 조금 더 수월할 수 있다. 하지만 그것에 이름을 붙이는 일은 역시 연습이 필요하다. 순간순간 내면을 살피는 것이 너무 어렵게 느껴진다면, 하루에 한 번 다이어리에 오늘을 대표하는 감정 단어 하나만 써봐도 좋다. 그러려면 오늘 하루가 나에게 어떤 날이었는지, 나는 오늘 나와 어떤 관계를 맺고 살았는지 되짚어봐야 하는데, 이렇게 매일 잠깐 자신과 접속하는 것만으로도 나를 수긍하는 데 도움이 된다. 감정에 이름 붙이기를 하다 보면 내가 알고 있는 감정 단어가 몇 개 안 된다는 것을 실감하게 된다. 지금 내 안에 흐르고 있는 이 감정의 실체가 무엇인지 정확하게 표현하기 위해 단어를 찾고 의미를 알아가다 보면 내가 나를 이해하는 영역도 넓어지게 된다.

거창할 것 없는 이런 작은 노력들은 순간순간 내게 '그저 그것에 머물도록 허락하는 일'이 되어, 지금 내게 무엇이 필요하고 내 삶 전체에서 무엇이 중요한가를 알려준다. 내가 감당하기 싫거나 처리할 수 없는데도 타인이 나를 침범해 마음껏 이용하도록 허락하는 일은, 정작 내 삶에서 나를 쫓아내는 것과 같다.

죄책감도 습관이다 ────────────────

죄책감을 자극해 상대의 마음을 조종하는 일은 흔하게 일어난다. 특히 부모나 자식, 배우자나 연인 사이 같은 친밀한 관계에서는 더욱 그렇다. "지금 몇 시야, 또 늦어?", "이것밖에 못 해?", "넌 정말 너밖에 몰라!" 같은 말을 들으면 어떤가. 상대의 기분이 좋지 않은 이유가 내 잘못 때문이라고 생각하게 된다. 하지만 이런 말을 하는 사람은 자기에게 일어난 부정적인 느낌을 상대방에게 책임 지우며 죄책감을 느끼게 만들어, 결국 상대로 하여금 자기가 원하는 행동을 하도록 부추긴다. 저 말들에 숨겨진 의미는 다음과 같다.

지금 몇 시야, 또 늦어?
— 일찍 와서 나를 도와야 해.
이것밖에 못 해?
— 더 열심히 해서 나를 기쁘게 해야 해.

넌 정말 너밖에 몰라!

─나를 위해서 뭔가를 해야 해.

착한 사람들의 발목을 잡는 강력한 감정은 죄책감이다. 내 길로 잘 가고 있는 것 같다가도 마음에 죄책감의 불이 켜지면, '나'라는 존재는 순식간에 사라지고 상대방만 남게 될 때가 있다. 나는 주로 이런 일이 엄마와의 관계에서 일어난다.

며칠 전에 엄마와 통화를 했다. 엄마가 슬프다고 나에게 문자를 보냈는데, 나의 답장이 형식적이라 마음에 들지 않는다며 화를 냈고, 나도 맞받아쳤다.

"내가 어떻게 했으면 서운하지 않았겠어요? 엄마가 듣고 싶은 말이 뭐였는지 알려주세요."

"그걸 말로 해야 알아? 너는 마흔이 넘도록 헛살았냐? 심리상담 한다는 애가 그것도 몰라?"

엄마의 행동은 당신의 부정적인 감정을 딸에게 처리하도록 요구하는 방식이다. 이럴 때 딸은 부모의 감정 배설구이자 탁월한 위로자로 기능해야만 갈등을 피할 수 있다. 하지만 이러한 관계는 친밀함의 거짓 가면을 쓴 관계일 뿐이다. 상대가 요구하는 기능을 잘 수행하도록 하는 동력은 진실한 마음이 아니라 두려움과 죄책감에서 나오기 때문이다. 예전의 나는 '감정 배설구/위로자 기능 시험'에 통과하기 위해 최선을 다했다. 엄마의 정서로 빙의돼서 살았기 때문에 엄마가 원하는 게 뭔지 잘 안다. 구구절절하게 당신을 사랑한다고 답장을 하거나, 전화를 걸어 같이 울거나, 당장 엄마한테 달려갔다면 엄마는 만족했을 것이다. 하지만 나는 이제 그런 위로자 배역을 맡지 않는다. "엄마는 서운하다고 말하지만 나는 최선을 다한 거예요. 엄마가 원하는 모든 걸 내가 다 해줄 수는 없어요"라고 당당하게 말한다. 내 안에 힘이 생긴 것이다. 엄마는 내가 최선을 다하지 않았음을 기가 막히게 간파하고 화를 냈다. 딸이 예전과 다르게 배짱 있게 행동하는 모습을 보면서 자신이 원하는 대로 딸을 곁에 두지 못할 수도 있다는 두려움과 불안을 느꼈을 것이다.

내면에서 올라오는 습관적 죄책감

상대를 조종하기 위한 수단으로 죄책감을 자극하기도 하지만,

더 무서운 것은 내가 알아서 죄의식의 경보음을 울리는 것이다. 죄책감으로 조종당하는 관계에 길들여지면 상대가 요구하지 않아도 죄의식을 자극하는 내면의 명령이 작동한다. 위 상황에서 내 경우는 상대가 조종하는 명령과 스스로 작동하는 명령, 이 둘의 요소가 모두 적용되었다. 의식적으로는 애써서 힘을 발휘했지만, 내면에서는 습관적으로 죄책감이 올라왔다. 내가 처리해야 할 문제는 두 가지였다.

첫째, 자동적으로 명령하는 내면화된 죄책감을 살피고 처리한다. 표면적으로는 당당하게 할 말을 다 해놓고, 속으로는 엄마를 만족스럽게 하지 못했다는 죄책감이 들었다. 마치 엄마를 버린 것 같은 느낌이었다. 이 죄책감은 엄마를 버리고 싶은 마음에서 나왔다는 걸 인정해야 했다. 그러나 실제 나는 엄마를 버리지 않았다는 것이 핵심이다. 나의 약함과 강함, 이타성과 이기성, 따뜻함과 냉정함 등이 섞여 있는 모호함을 받아들이는 게 쉽지 않았다. 하지만 내가 어떻게 해야 하고 어디로 가야 하는지는 알고 있었기에, 다만 그 일을 하고 그 길로 갈 뿐이었다. 차츰 엄마는 강하고 나는 약하다는 '상상'과 우리 모두는 약하다는 '현실'을 구분하면서 약함과 강함이 공존할 수 있다는 것을 받아들이게 되었고 평상심을 찾아갔다.

내가 처리해야 할 두 번째 문제는 자책하는 마음이었다. 엄마와 통화를 마친 후 나는 소리 내어 엉엉 울었다. 엄마의 지독한 자기중심성에 화가 났고, 더 화가 나는 건 바로 나 자신이었다. 밖에서는 상처받지 않을 권리가 내게 있다고 말하면서 "너는 그것도 모르냐, 헛살았다"는 말에 상처를 받았고, 또 그렇게 상처받아버린 내가 한심했다. 타인의 인정을 통해 외부에서 나의 존재감을 찾을 게 아니라 내면으로부터 스스로를 인정해야 한다는 걸 아는데도 말이다. 나는 내가 바라는 것만큼 대단하지 않았고, 아는 것과 말하는 것 모두를 실천하지 못하고 산다는 것도 인정해야 했다. 나의 한계와 미숙함을 인정하고 나니, 오히려 오랜 투병생활로 불안과 두려움이 커졌을 엄마에게 연민의 정이 생기기 시작했다.

불완전한 나를 받아들이자

죄책감은 삶의 다양한 장면에서 활개를 친다. 피해의식 때문에 상대를 미워할 때도 죄책감이 들 수 있다. 미워하면서도 죄책감이 든다는 건, 애증의 관계에서는 흔히 일어나는 작용이다. 하지만 이때 죄책감은 단순히 미안함을 넘어 상대를 미워한 것에 대해서 스스로에게 내리는 징계와 참회의 기능이 있다. 죄책감을 느끼며 내가 그렇게 '나쁜 사람'은 아니라는 걸 스스로에게 증명하며 무의식적인 안정감을 취한다. 어떤 경우는 나의 고귀함이나 훌륭함을 드러낼 목적으로 죄책감을 이용하기도 한다. 아들러는《왜 신경증에 걸릴까》에서 한 소년을 소개한다. 거짓말을 한 뒤 죄책감에 시달리는 소년을 실은 "쓸데없는 죄책감에 시달리는 고귀한 인격의 소유자를 연기하고 있다"고 보았다. 거짓말을 한 것에 대해 지나치게 걱정하면 주변 사람들은 그의 정직성에 감명을 받았다.

　때로는 상대가 나를 조종할 의도가 전혀 없는데도 나 혼자 죄책감에 시달리며 괴로워할 때도 있다. 이때도 역시 죄책감이 내 행동을 지시하는 내면의 명령으로 작동한다. 모든 사람에게 인정받고 싶고, 모든 사람이 나를 좋아해주길 원하는 마음이 깔려 있는 애정결핍형 완벽주의를 가진 사람도 그렇다. 죄책감을 느낌으로써 자신 혹은 다른 사람을 만족시키지 못하는 것에 대한 책임을 모두 자신에게 돌리는 것이다. 그런데 모순적이게도, 이렇게 완벽하지 못한 것에 대한 책임을 죄책감으로 돌리면 완벽하지 못한 것에 대한 마음의 짐을 덜 수 있다. 하지만 자기비하와 수치심도 같이 따라붙는다는 맹점이 있다. 마음이란 이렇게 미묘하고 복잡하다. 그렇다면 도대체 어떻게 해야 한단 말인가? 뾰족한 수는 없다. 하지만 다행인 것은 마음만큼 단순한 것도 없다는 것이다. 그 마음으로 나는 불완전하다는 것을 받아들이는 수밖에 없다.

도와주지 않으면 상처받을 거라는 착각

죄책감을 자극하는 내면의 명령을 무시하려면 어떻게 해야 할까? 죄책감에 빨간 신호등이 켜지면 일단 멈춘다. 상대가 내게 죄책감을 느끼게 하려는 의도가 있든 없든, 죄책감을 느끼는 사람은 바로 '나'라는 걸 인지한다. 상대나 자신을 탓하기 전에 감정을 느끼는 주체인 나를 먼저 주의 깊게 관찰해보자. 내가 엄마에게 죄의식을 느꼈던 이유는 엄마를 버린 것 같은 느낌 때문이었다. 그러나 그 마음 밑바닥에는 실제 버리고 싶었던 마음이 숨어 있었다. 그리고 이런 마음을 사람들에게 들키면 '나쁜 년'이라는 비난을 받을 것 같은 두려움이 있었다. 이 진짜 마음을 스스로에게 들키지 않기 위해서는 죄책감을 더 키우면 된다. 그리고 죄책감으로 촉발된 상처받은 느낌 때문에 혼자 씩씩거린 이유는 못난 나를 인정하고 싶지 않아서였다. 이런 감정들을 모두 받아들이기만 하면 된다. 이것도 나다. 이게 나다. 그리고 동시에 진짜 내가 아니기도 하다. 모두 단단한 에고일 뿐이다. 에고일 뿐이라고 생각하는 것도 에고다. 끝없이 이어지는 이 모든 생각들을 이제 놓아주자. 조금 더 가볍고 편안해질 수 있도록.

빨간 신호등 앞에서 일단 멈추고, 자신을 관찰하며 스스로와 정직한 대화를 나눴다면, 이제는 마음에서 우러나서 하는 행동과 죄책감 때문에 하는 행동을 구별해보자. 행동의 동기가 죄책감 때문이라면 다른 사람의 느낌까지 책임지려는 걸 당장 멈추고 내 욕구와 감정을 우선해야 한다. 다른 사람에게 서운함이나 배신감을 줄까 걱정되는가? 그런 염려와 불안이 든다면 죄의식이 다시 작동하기 시작한 것이다. 상대가 느낄 수도 있고 아닐 수도 있는 서운함이나 배신감을 지레 걱정하는 건 "양심의 가책도 하나의 병"이라는 니체의 말대로 '병'이다. 굳이 병명을 붙이자면 '욕먹기 싫은 병'

이다. 이 병을 고치려면 좋은 사람 되기를 멈추는 수밖에 없다. 욕을 먹어보는 수밖에 없다. 욕에 내성이 생겨야 반응을 안 할 수 있다.

　다음으로는, 내가 자기연민에 휩싸여 있지는 않은지 살펴보자. 죄책감을 많이 느끼는 사람은 자기연민을 타인에게 투사하는 경우가 많다. 내가 스스로를 힘없고 가엾고 불쌍하다고 여기다 보니 다른 사람의 연약함을 그냥 두고 볼 수가 없다. 타인의 죄책감을 자극해서라도 자신의 욕구를 채우는 사람들은 우리가 그 요구를 들어주지 않아도 알아서 잘 산다. 우리가 걱정하는 그들은 우리보다 힘이 센 사람일 경우가 많다. 그러니 내가 혹시 자기연민이 강한 사람인지 곰곰이 생각해보고, 가엾고 불쌍한 자아상을 타인에게 투사하고 있지는 않은지 생각해보자. 그러기 위해선 자신을 바라보는 시선부터 바꿔야 한다. 나는 내가 생각하는 것만큼 힘없는 사람이 아니다.

나를 지키는 법 —————————————————

거의 다 왔다. 이제 경계를 정하고 지켜내기 위한 방법을 익히면 된다. 나는 엄마와의 사건에서 내면화된 죄책감과, 죄책감을 느낀 나를 다시 한심해하고 자책하는 마음, 이렇게 내 마음에서 일어난 두 덩이의 큰불을 끄고 나니 객관적인 시각을 되찾았다. 엄마가 뱉어낸 말 아래, 속마음에 대해서도 연민이 생겼다. 《비폭력 대화》를 쓴 마셜 B. 로젠버그Marshall B. Rosenberg는 듣기 힘든 말을 들었을 때 우리가 할 수 있는 네 가지 선택이 있다고 했다. 자신을 탓하기, 다른 사람을 탓하기, 자신의 느낌과 욕구 인식하기, 다른 사람의 느낌과 욕구 인식하기이다. 나의 경우에 비추어 그때 내가 선택할 수 있었던 네 가지 태도를 구체적으로 살펴보겠다.

첫째, 자신을 탓하기

엄마가 화를 내는 것은 내가 엄마를 만족스럽게 해주지 못했

기 때문이라는 걸 인정한다. 내가 좀 더 노력해서 엄마를 서운
하게 하지 말아야겠다고 생각하며 엄마에게 사과한다.

— 관계에서 생길 수 있는 갈등 자체를 피하기 위하여 관계의
책임을 자신이 모두 떠안는 방법이다.

둘째, 다른 사람을 탓하기

엄마가 저렇게 화를 내는 것은 지나치게 자기중심적인 행동이
라고 생각한다. 엄마에게 화가 나고 반항하는 마음이 생기며,
'어디 두고 보자' 하는 마음이 들기도 한다.

— 관계의 책임을 모두 상대에게 돌리며 죄책감 같은 부정적인
느낌을 회피한다.

셋째, 자신의 느낌과 욕구 인식하기

나는 나름대로 엄마를 위해 애썼고, 그래서 엄마에게 그 노력
을 인정받고 싶었다. 하지만 엄마가 나의 노력을 몰라주기 때
문에 서운하고 슬프다.

— 관계에서 일방적으로 책임을 떠안지 않고, 나의 느낌과 욕

구를 중시하고 자존감을 지키기 위해 노력하는 방법이다.

넷째, 다른 사람의 느낌과 욕구 인식하기
엄마는 지금 오랜 투병생활로 몹시 불안하고 힘든 상태이다.
외로움과 두려움을 딸과 나누고 싶었는데 만족스럽지 못해 실
망했다.
— 나의 느낌과 욕구뿐만 아니라 상대가 직접 표현하지 못한
느낌과 욕구를 살피며 연민을 가지는 태도다.

나는 엄마와의 사건으로 두 번째부터 네 번째 방법까지를 순
차적으로 경험했다. 첫 번째 방법인 '자신을 탓하기'는 해당되지
않았다. 갈등을 피하기 위해 모든 책임을 내가 짊어지지는 않았기
때문이다. 하지만 두 번째인 '다른 사람 탓하기' 방법에서 보여주
듯, 세상이 자기중심으로 돌아가기를 원하는 엄마를 비난하고 갈
등의 책임을 엄마 탓으로 돌리기도 했다. 세 번째 방법인 '자신의
느낌과 욕구를 인식'하는 단계에서는 엄마에게 인정받고 싶은 나
의 욕구를 인정하고 슬픔을 받아들였다. 그리고 결국에는 네 번째

방법에서처럼 '다른 사람의 느낌과 욕구를 인식'하게 되어, 엄마가 불안과 두려움 때문에 의존성향이 강해졌다는 것을 받아들일 수 있었다. 당연히 내 마음도 평온을 되찾았다. 나는 이 과정을 거치며 침묵으로 며칠을 보냈다. 그리고 전화를 걸었다.

"엄마, 많이 힘들었죠?"

나를 지키고 나아가 관계를 지키는 것

관계에서 갈등을 겪을 때 위 네 가지 방법 중에서 나는 주로 어떤 방식을 취하는지 생각해보자. 모두에게 해로운 것은 첫 번째와 두 번째 방법이다. 상대방이나 자신을 탓하게 되면 표면적으로 드러나는 갈등은 피할 수 있지만 결국은 곪아 터지고 만다. 반면에 자신과 남에게 이로운 것은 세 번째와 네 번째 방법이다. 상당한 인내와 통찰을 필요로 하지만 결국은 지혜의 문을 여는 일이 된다. '탓하기'는 공격적이고 파괴적이다. '인식하기'는 수용적이며 자비적이다. 따라서 '탓하기'에서 '인식하기'로 나아간다면 나를 지키고 관계를 파괴하지 않을 수 있다. 물론 어려운 일이다. 하지만 할 수 있다. 하다 보면 정말 된다. 중년의 나이에도 엄마에게서 정서적인 독립을 하기 위해 여전히 노력하고, 실제 점점 의존에서 멀어지고 힘을 되찾고 있는 나를 보며 위안 삼아도 좋다.

한 가지만 더 생각해보자. 누군가 내게 자신의 필요를 요구하거나 그의 신념을 강요하려 한다면 어떻게 해야 할까? 우선, 내가 무비판적으로 순순히 따르려 하거나 반대로 무조건 저항만 하려 하진 않는지 생각해봐야 한다. 그런 후 상대의 생각이나 요구가 마침 나에게도 필요하고, 게다가 내가 한 수 배울 수 있는 기회인지 살펴보면 더 좋겠다. 그게 맞다면 내가 잘할 수 없거나 싫어하는 일일지라도 내 성장을 위해 감사히 받아들여보는 방법도 있다.

반면에 내 성장에도 도움이 되지 않고, 내 한계를 넘어서는 일이며, 진심으로 하고 싶지 않은 일이라면, 이때는 죄책감을 느낄 필요 없이 담담하게 '그와 나는 다르다'고 받아들인 후 정중히 거절하면 된다. 우리가 서로 다르다는 것을 제대로 이해하면 서로의 경계를 지키는 일이 더 수월해진다. 우리는 다른 사람들에게 취약점을 들키거나 지적받을 때, 대개 분노하거나 불안해한다. 그리고 내 사고나 행위에 책임을 느끼며 죄책감을 갖기도 한다. 이러한 불안

과 죄책감을 가질 필요가 없음을 자신에게 단단히 일러주는 연습
이 필요하다.

나의 욕구를 그들이 맞춰줘야 할 의무가 없듯이, 나도 누군가
의 욕구를 들어줘야 할 의무가 없다. 누구나 표현할 자유는 있지만,
상대의 요구나 기대를 충족시켜줘야 할 의무는 어디에도 없다. 우
리 누구도 '죄인'으로 살아선 안 된다.

마 치 며

최종원고를 출판사에 넘긴 후 거의 6개월이 지나 이 글을 쓴다. 그 사이 엄마가 돌아가셨다. 원고를 넘겨놓고 엄마의 병환이 깊어져 마침표를 찍을 수 없었다. 책을 쓰기 시작할 때 엄마 이야기를 어느 정도 해야 할지 고민했다. 엄마가 읽으면 서운해할지도 모른다고 생각했지만, 밀고 나갔다. 내 인생에서 엄마를 빼면 앙꼬 없는 찐빵이 될 테니까. 또 살아 있는 이야기를 전해야 독자들에게 실질적인 도움이 될 거라는 믿음이었다. 하지만 앙꼬 잔뜩 넣은 이 책을 엄마는 보지 못한다. 엄마가 보면 서운할지 모를 책을 만들어놓고, 엄마가 보지 못하는 것에 착잡한 심정이 드는 건 딸의 어쩔 수 없는 마음인 듯하다. 그래도 잘했다는 생각이다. 나 같은 사람들이 정말 많다는 걸 알고 있다.

나는 집안의 영웅이었다. 물론 어디까지나 가족들이 그렇게 생각할 거라는 나의 생각이다. 아니, 지금 생각하면 스스로 영웅이 되고 싶었는지도 모른다. 어찌 됐든 나도 모르게 그렇게 되었다. 말 그대로 영웅은 전천후 역할을 해낸다. 병원에 혼자 가는 것을 무섭고 서럽다고 느끼는 엄마를 병원에 데려가며 안심시킨다. 그리고 나를 좋아하고 존경하는 동생에게 조언하고 지지해준다. 나는 중요한 의사결정에 핵심적인 역할을 하는 가장이자, 가족에게 혼자가 아니라고 안심시키며 보살피는 보호자이자, 심리적으로 어려운 문제를 들어주고 도와주는 상담자였다. 내가 원해서 선택한 건 아니었다. 그렇게 배웠기 때문이고, 그래야 인정받고 사랑받을 수 있었다.

심리상담 일을 하면서 착한 사람들에 대한 깊은 이해가 생겼다. 사랑과 관습, 문화라는 그늘 아래 타인의 삶을 대신 살아내는 이들의 어려움을 함께했다. 나의 생각과 신념, 감정과 욕구가 알고 보니 모두 내 것이 아니라 부모나 중요한 다른 사람의 것이었다는 걸 뒤늦게 알게 되는 사람들. 이들의 억울함과 분노, 황망함과 슬픔을 많이 보았다. 나도 같이 아프고 화가 났다. 이기적인 건 나쁜 거라며 나를 위하는 일에 죄책감을 느끼는 것. 어릴 때부터 어리광과

투정 한 번 부리지 못하고 착한 아이로 자라다, 어른이 되어서는 받지 못한 것을 남에게 주는 것으로 보상받으며 인정과 사랑을 갈구하는 것. 양보하고 겸손해야 한다고 배워 잘난 척하고 이기적인 친구를 미워하게 되는 것. 할 말을 해놓고 사람들이 나를 싫어할까 봐, 욕먹을까 봐 두려워하는 것. 이런 것들이 우리를 얼마나 작고 보잘것없는 존재처럼 느끼게 하는지 말이다. 그래서 결국은 화가 폭발하고 우울감이 깊어진다. 그런데 이러지 않아도 된다. 나를 먼저 위하면서 살면 이러지 않을 수 있다. 우리는 자유롭고 행복할 자격이 있고, 나를 위해 사는 일이 세상에 좋은 일이다.

지금이라도 늦지 않았다. 마음껏 나를 펼쳐 훨훨 살아보길 바란다. 그래야만 할 것 같은 일에 매여 있거나, 그러면 안 될 것 같은 일들을 피하기만 하면 마음이 뭉그러진다. 생명을 유지하는 것 외에 인간에게 가장 필요한 것은 마음과 사랑을 나누며 존엄하게 사는 일이다. 그 길에 조금이나마 보탬이 되기를 바라며, 우리 모두가 자신과 타인을 더 깊이 사랑하며 살기를 진심으로 바란다.

책 한 권이 나오기까지 얼마나 정성이 들여지는지 모른다. 좋은 책을 만들기 위해 공을 들인 수오서재와 편집자 마선영 대리님과 함께해서 참 좋았다. 그리고 나의 스승 박미라 선생님께 입은 은혜를 아로새기며 마음 절을 올린다. 마지막으로 무서워하고 원망하느라 내가 얼마나 사랑하는지 늦게 알아버려서 미안한 우리 엄마 명호 씨에게 이 책을 바친다.